DEATH
ON RUA
AUGUSTA

TEDI LÓPEZ MILLS

DEATH ON RUA AUGUSTA

MUERTE EN LA RÚA AUGUSTA

translated from the Spanish by

DAVID SHOOK

 EYEWEAR PUBLISHING

First published in 2014
by Eyewear Publishing Ltd
74 Leith Mansions, Grantully Road
London w9 1LJ
United Kingdom

Typeset with graphic design by Edwin Smet
Author photograph by Rodney Phillips
Printed in England by TJ International Ltd, Padstow, Cornwall

The right of Tedi López Mills to be identified as author of
this work has been asserted in accordance with section 77
of the Copyright, Designs and Patents Act 1988
ISBN 978-1-908998-22-4

WWW.EYEWEARPUBLISHING.COM

For Álvaro and Víctor,
who saw the ending.

Tedi López Mills
was born in Mexico City in 1959.
Her nine books of poetry have won most
major awards in Mexican poetry, including the Premio
Nacional de Literatura Efraín Huerta in 1994, the Beca de Poesía
de la Fundación Octavio Paz in 1999, and the Premio de Literatura
José Fuentes Mares in 2008. *Death on Rua Augusta* won the Premio
Xavier Villaurrutia, Mexico's most important literary prize,
in 2009. Her collection of essays *Libro de
las explicaciones* won the 2013 Antonin
Artaud Prize. She currently belongs to the
Sistema Nacional de Creadores.
David Shook's collection
Our Obsidian Tongues is available
from Eyewear Publishing. His many published
translations include work by Roberto Bolaño,
Mario Bellatin and Víctor Terán.

Translator's Note

Death on Rua Augusta is a book I knew I would translate before I had even finished reading it. What most attracted me to the text was my desire to make sense of it, to understand it better, and that allowed me to place personal fulfillment far before any hopes of publication. While such a close reading of the text did increase my understanding, it also left me puzzled further: Tedi López Mills so relentlessly explores the boundaries of consciousness – be it Gordon's, the poem's, or our own – that the boundaries themselves begin to blur. At some points in the translation process, I felt very much that I belonged in Gordon's tormented world, punctuated by the small satisfactions we had each scrawled in our respective notebooks. *Death on Rua Augusta* is a funambulatory feat; as the poem barrels onwards, it is easy to miss some of its more subtle lyric moments. In translation I found myself engaging in that same balancing act: attempting to maintain the drive towards Gordon's ultimate destiny without losing the book's poetry, especially its sonic patterning, and doing justice to those lyrical sections without allowing the narrative pace to falter.

It is a rarity in the world of poetry in translation for a book to appear in English a mere five years after its publication in the original language, even for prizewinning manuscripts like this one. I'm grateful to Eyewear for its vision, for its commitment to internationalism and its acknowledgement that our English-language poetry would not be the same if our predecessors had not championed translation. I'd like to dedicate this translation to my grandmothers, Linda Burns Dunham and Jacqueline Harrod Shook, who have always encouraged and supported me in my literary endeavours.

On first reading, I recommend the reader not insist on making sense of the world of *Death on Rua Augusta*, but rather relish the experience of inhabiting it, enjoy riding the waves of its mania and paranoia, get lost in its relentless onslaught of voices. — DS

O

Sobre el cadáver del señor llamado Gordon
       (junto a una alberca, bajo un árbol)
se halló un trozo de papel donde alguien,
       quizá hasta el propio Gordon,
       había garabateado las palabras:
"Anónimo dijo: esto ni se lee ni se entiende".

O

Atop the body of the man named Gordon
         (beside a pool, beneath a tree)
there was a scrap of paper where someone,
         maybe even Gordon himself,
         had scrawled the words:
"Anonymous said: this is neither read nor understood".

I

En la primera mañana de su vida nueva
el señor Gordon (santo señor Gordon)
hacía dibujos para los nietos de sus vecinos
y atildaba el jardín para su esposa, Donna:

mira lo que planté hoy —le decía—
heliotropos y rosas y malvones para ti,
lodo para mí, palabras y gusanos para ti, guijarro
o qué tengo aquí, ¡vidrio! una gota de sangre,
Donna, mi sangre para ti.

Así jugaba el señor Gordon en su jardín
en las afueras de Fullerton, California,
jugaba y luego lloraba tirado en la tierra
con su gota de sangre,
la boca negra, la inmensa boca
vengando esa mancha súbita,
innecesaria mancha de silencio,
después del vidrio en la cara,
la cara suave de Donna:
perdón, te pido, y mil veces perdón,
hasta que ella lo levantaba de la tierra
y lo metía en la casa y lo lavaba y lo acariciaba
eres mi animal, mi animalito
y le tocaba los labios con la punta
de un trapo y le decía en susurros,
Gordon, te odio, y él se reía.

I

On the first morning of his new life
Mr. Gordon (blessèd Mr. Gordon)
made drawings for his neighbours' grandchildren
and tilled the garden for his wife, Donna:

look what I planted today —he told her—
heliotropes and roses and geraniums for you,
mud for me, words and worms for you, a pebble
or what do I have here? glass! a drop of blood,
Donna, my blood for you.

So Mr. Gordon played in his yard
in the suburbs of Fullerton, California,
he played and then he cried, sprawled on the earth
with his drop of blood,
his black mouth, his immense mouth
avenging that sudden stain,
the unnecessary stain of silence,
after the glass in his face,
Donna's soft face:
I'm sorry, a thousand times over,
until she lifted him from the dirt
and took him inside and cleaned him and cuddled him
you're my beast, my little beast
and she touched his lips with the tip
of a rag and she whispered
Gordon, I hate you, and he laughed.

2

Ya quieto en la noche, el señor Gordon
se sentaba a la mesa del comedor y escribía en su diario:

hoy me corté en la piel con donna otra vez
puse mi mano en el lodo y fijé la pinza en la raíz
más dura y la torcí y la rompí y la raíz gritó: es mentira, gordon,
mientras yo la jalaba, no eres nadie, viejo loco, viejo inútil,
y la golpeé hasta matarla,
sí soy alguien todavía, cuando salgo
en las mañanas a dar la vuelta por el jardín
los vecinos y los nietos de los vecinos
me saludan "hola, gordon" y yo los saludo
"hola, vecinos y nietos de los vecinos"
y me acerco a la alberca que es la alberca de todos
donde está don jaime, el jardinero,
desbrozando los pelos del agua,
y nos hablamos como dos amigos,
luego él me lleva de vuelta a mi casa con donna

Gordon trazó la ruta en la página,
hizo un óvalo y puso debajo "alberca"
y encima un sol enorme, a un costado un palo
que era él junto a otro más grueso que era don Jaime.

por esta línea caminamos
dando pasitos sucios por el pasto, callados
porque yo no me atrevo a contarle a don Jaime
que colecciono recuerdos de albercas,
numerados, con nombre, una foto o un dibujo,

2

In the quiet of the night, Mr. Gordon
sat at the dining room table and wrote in his diary:

> today I cut my skin with donna again
> I put my hand in the mud and tightened my pliers on the hardest
> root and twisted it and broke it and the root shouted: that's a lie,
>   gordon,
> while I pulled it, you're no one, old madman, useless old man,
> and I beat it until I killed it,
> I am still someone, when I go out
> in the mornings to walk through the yard
> the neighbours and the neighbours' grandchildren
> greet me "hi, gordon" and I greet them
> "hi, neighbours and neighbours' grandchildren"
> and I walk towards the pool that is everyone's pool
> where Mr. Jaime, the gardener, is,
> skimming hair from the water,
> and we talk like two friends,
> then he takes me back to my house where donna is

Gordon traced the route on the page,
he made an oval and beneath it put "pool"
and over it an enormous sun, on one side a stick
that was him next to another thicker one that was Mr. Jaime.

> along this line we walked
> taking dirty steps over the grass, quiet
> because I don't dare tell Mr. Jaime
> that I collect memories of pools,
> numbered, with names, a photo or a drawing,

la alberca del desierto, la alberca de la pradera,
la alberca de la montaña, rectangulares
entre las hojas secas o redondas cuando la canícula
se avecina haciendo geometrías en el aire
que me toca de rebote y pienso para levantar un muro
que he visto muchas albercas durante muchos años,
también hoyos sin albercas en mi cabeza
cavando con el ruido un pozo indistinto
donde se hunde la figura de mi cara,
pero hoy debo confesar otra cosa
me enojé con donna y lloré en el jardín
y ella me rozó los labios con su trapo,
olía a grasa húmeda, a lengua blanca,
donna me aprieta, *¿dónde está el dinero, gordon?,*
me dice en voz baja, *¿dónde lo escondiste?*
¿cuál dinero, donna? ella se ríe y me lastima.

Gordon terminó su anotación
con una lista de actividades para el día siguiente.

mañana voy a:
1. prepararle su desayuno a donna, panes y leche caliente con una
   cucharadita de miel,
2. estudiar mi libro de origami y aprender a hacer un coyote y
   dárselo a donna,
3. leer y subrayar las guías de españa y portugal,
4. revisar mi cuaderno azul de albercas y mi cuaderno blanco de
   dibujos, *¿dónde puse la sombra del espejo que dejé un día pegada?* le
   pregunté a donna burlándome y ella me miró aprensiva, *nunca
   vi nada,* me dijo, le hice un guiño y una mueca, *mejor lo olvidamos,
   donna.*

the desert pool, the prairie pool,
the mountain pool, rectangular
amidst the dried leaves or round when the dog days of summer
approach, tracing lines in the air,
that rebounds to touch me and I think to raise a wall
as I have seen many pools over many years,
also holes without pools in my head
an indistinct well burrowing noisily
into the sinking shape of my face,
but today I must confess something else
I got mad with donna and cried in the garden
and she wiped off my lips with her rag,
it smelled like wet grease, like white tongue,
donna squeezes me, *where is the money, gordon?*
she says in a low voice, *where did you hide it?*
what money, donna? she laughs and it hurts me.

Gordon finished his annotation
with a list of activities for the next day.

  tomorrow I am going to:
    1. prepare donna's breakfast, bread and warm
       milk with a teaspoon of honey,
    2. study my book of origami and learn to make
       a coyote and give it to donna,
    3. read and underline the guides to spain and portugal,
    4. review my blue notebook of pools and my
       white notebook of drawings, *where did I put*
       the shadow of the mirror that I left stuck here?
       I asked donna mockingly and she looked at me
       apprehensively, *I never saw anything*, she told me, I gave her
       a wink and made a face, *let's just forget it, donna*.

3

Antes el señor Gordon trabajaba en una oficina,
tenía que revisar los números de los productos vendidos
y cotejarlos con las cuentas, pero una mañana
ya no pudo conectar las cifras con las palabras,
comenzó a tachar los números que se movían
con su lápiz negro, rasgó la hoja,
se tapó la cara con las manos,
ya no recordaba nada
ni qué era ese escritorio donde estaba él,
el señor Gordon, ni el teléfono
ni la mujer en la puerta que le reclamaba:
qué le pasa, señor Gordon, por qué llora,
por qué tira todo al piso y él respondía
porque yo soy el señor Gordon, yo, Gordon,
y ya no sé nada de nada.

Vino el doctor y vino Donna y vino Ralph,
el amigo más cercano de Gordon, y los tres lo rodearon,
y Donna lo tomó de las manos y lo acercó a la puerta:
vámonos a casa, Gordon,
pero él se aferró al escritorio,
había tantos ahogados en ese hueco,
tenía que salvarlos a todos, *no, Donna,*
déjame, soy Gordon, rescato muertos, mato vivos,
y otra carcajada rota caía desde el cielo raso,
hasta que Ralph lo agarró con fuerza
y lo sacaron de la oficina y el doctor
le clavó la aguja en el brazo,
doctor de bata larga y lentes,
y todos miraban:

3

Before, Mr. Gordon worked in an office,
he had to review the number of products sold
and collate them with the accounts, but one morning
he could no longer connect the figures with the words,
he began to scratch out the numbers that were moving
with his black pencil, he scraped the sheet,
he covered his face with his hands,
he no longer remembered anything
not even what the desk he was at was,
Mr. Gordon, nor the telephone
nor the woman at the door who shouted out:
what's happening to you, Mr. Gordon, why are you crying,
why are you throwing everything on the floor and he responded
because I am Mr. Gordon, I, Gordon,
and I no longer know anything about anything.

The doctor came and Donna came and Ralph,
Gordon's closest friend, and the three circled him,
and Donna took him by the hands and drew him to the door:
let's go home, Gordon,
but he clung to the desk,
there were so many drowned in that hole,
he had to save them all, *no, Donna,*
leave me, I am Gordon, I rescue the dead, I kill the living,
and another broken laugh fell from the ceiling,
until Ralph grabbed him firmly
and they removed him from the office and the doctor
stuck the needle in his arm,
long-gowned doctor with glasses,
and everyone watched:

Es Gordon.
No, no puede ser,
si era tan tranquilo el señor.
Pues ya ves, se volvió loco...
No, no lo puedo creer.

it's Gordon.
No, it can't be,
he was such a calm man.
Well now you see, he went mad…
No, I can't believe it.

4

Y así empezó la vida nueva del señor Gordon.
Abría los ojos, Gordon, al amanecer,
hoy es ayer es mañana es antier
es lunes es viernes es domingo
es la noche es la tarde,
escúchame, Donna, cómo canto.
Un dedo, soy yo, otro dedo, no soy yo.
Un dedo, eres tú, otro dedo, ya no eres tú.
¿Corto, Donna, o pellizco?
Y le ponía su mano en la cadera,
y luego sola su mano bajaba
hasta la orilla del calzón
y luego sola se metía y caminaba
con sus cinco dedos hacia el pelo
y ahí se detenía:
déjame, Gordon, le pedía Donna
y la mano se sumía entre los pelos
y clavaba uno de sus dedos largos en la ranura,
no soy yo, Donna, es mi mano
y Donna lo empujaba
y salía gritando de la cama.
Voy a amarrarte esa mano,
te la voy a atar a tu cuerpo, a ver si aprende.

Y así también empezaron las noches nuevas de Gordon,
la cuerda en la mano derecha primero,
después en la izquierda, con tela en los puños
cerrados, *para no lastimarte*, repetía Donna,
es sólo un juego, Gordon, mi animal, mi animalito.

4

And so Mr. Gordon's new life began.
He opened his eyes, Gordon, at dawn,
today is yesterday is tomorrow is the day before yesterday
is Monday is Friday is Sunday
is night-time is afternoon,
listen to me, Donna, how I sing.
One finger, I am, another finger, I am not.
One finger, you are, another finger, isn't you anymore.
Do I cut, Donna, or pinch?
And he put his hand on her hip,
and then, on its own, his hand lowered
to the edge of her panties
and then, on its own, it entered them and walked
with its five fingers towards the hair there
where it paused:
leave me alone, Gordon, Donna asked him
and the hand sunk into the hairs
and dived one of its long fingers into her grooves,
it's not me, Donna, it's my hand
and Donna pushed him
and left the bed yelling.
I'm going to tie up that hand,
I'm going to tie it to your body, then you'll learn.

And so Gordon's new nights also began,
the rope around his right wrist first,
then his left, with cloth over his closed
fists, *so as not to hurt you,* Donna repeated,
it's just a game, Gordon, my animal, my little beast.

Gordon le sonreía con las manos estiradas
al frente y otra vez le cantaba
desde el principio
a Donna
su canción.

Gordon smiled at her with his hands stretched out
to the front and again sang
from the beginning
his song
to Donna.

5

Gordon tenía cuatro libros en su mesa:
Cómo emplearse sin empleo,
Manual de jardinería para principiantes,
El ABC del origami,
Guía del viajero: España y Portugal.
Se los había regalado Ralph,
junto con un cuaderno azul (de las albercas),
uno blanco (de los dibujos)
y uno verde (su diario).

En cada libro Gordon había puesto su marca:
una **G** negra con bordes amarillos.
Luego había examinado los libros
en busca de alguna trampa,
algún mensaje secreto hundido entre las páginas.
Antes de comenzar a leerlos
los había puesto en el pasto afuera,
abierto cada uno en la mitad exacta,
y se había dicho:
hoy duermen afuera
y si mañana están aquí en el mismo lugar
podrán entrar de nuevo a mi casa.
Y los cuatro entraron.

Con los cuadernos fue menos estricto,
los dejó descansando uno o dos días en la mesa,
no los miró ni una sola vez hasta que finalmente,
compadecido, se acerco al montón y escribió su nombre
completo en las tres portadas:
Gordon Smith.

5

Gordon had four books on his table:
How to Work Without Going to Work,
Beginners' Gardening Manual,
The ABCs of Origami,
Travel Guide: Spain and Portugal.
Ralph had given them to him,
together with a blue notebook (for his pools),
a white one (for his drawings)
and a green one (his diary).

Gordon had put his mark in each book:
a black **G** with yellow borders.
Then he has examined the books
in search of some trickery,
some secret message hidden between their pages.
Before beginning to read them
he had placed them in the grass outside,
each one open to its exact middle,
and had told them:
tonight you sleep outside
and if tomorrow you are here in the same place
you can enter my home again.
And all four entered.

With the notebooks he was less strict;
he left them resting for one or two days on the table,
he didn't look at them even a single time until finally,
regretfully, he neared the stack and wrote his complete
name on the three covers:
Gordon Smith.

En el cuaderno azul anotó, Mis Albercas,
en el blanco, Mis Dibujos,
en el verde, el preferido, Mi Diario, y debajo:

LUNES
hoy saqué la basura,
hoy desayuné dos panes con mermelada,
hoy me lavé los dientes,
hoy salí al jardín y saludé a los vecinos,
hoy no estaban los nietos de los vecinos,
hoy no estaba don jaime,
hoy comí mucho, más tarde cené.

Cuando colocó el punto con su pluma negra
sintió una presencia por encima del hombro,
volteó y no había nadie pero era alguien.
Lo sabía Gordon, y cerró los ojos
hasta que vio esa cara y le preguntó: *¿quién eres?*
La cara con los dientes chuecos, la cara vieja,
le respondió: *llámame Anónimo*.
Y al día siguiente el diario estuvo mucho mejor.

He labelled the blue notebook, My Pools,
the white one, My Drawings,
the green one, his favorite, My Diary, and inside that:

MONDAY
today I took out the trash,
today for breakfast I ate two pieces of toast with jam,
today I brushed my teeth,
today I went out to the yard and greeted the neighbours,
today the neighbours' grandchildren weren't there,
today mr. jaime wasn't there,
today I ate a lot, later I ate dinner.

When he added the full stop with his black pen
he felt a presence over his shoulder,
he turned and there was no one, but it was someone.
Gordon knew it, and he closed his eyes
until he saw that face and asked it: *who are you?*
The face with the crooked teeth, the old face,
responded: *call me Anonymous.*
And the next day his diary was much better.

6

Anónimo le enseñó a Gordon varias cosas,
por ejemplo, cómo rellenar con más palabras
los huecos entre "saqué la basura… salí al jardín"
(o entre "comí mucho… más tarde cené").
Gordon comenzó garabateando:

soy yo tonto gordon
hoy me puse la bata mugrosa
donna me gritó no seas puerco imbécil
escupí en el piso eso quieres
mi baba tonta mujer
la perseguí por la casa
arriba abajo
le jalé el pelo a donna
acabamos tumbados en el piso de la sala
le dije al oído quieres que te la meta verdad
luego lloré en la alfombra
donna me pateó como a un perro
me echó agua
yo la imité con sus dientes de fuera
donna lloró nos abrazamos
me di cuenta de que donna
apesta a mi dinero
luego salí al jardín.

¿Así?, le preguntó Gordon a Anónimo,
que entornó los ojos un instante apenas:
ojos largos, pensó Gordon,
miró los labios de Anónimo:

6

Anonymous taught Gordon various things,
for example, how to fill the space between
"I took out the trash… I went out to the yard"
(or between "I ate a lot… later I ate dinner") with more words.
Gordon began scribbling:

it's me dumb gordon
today I put on my grimy robe
donna yelled at me don't be a pig idiot
I spat on the floor that's what you want
my spit dumb woman
I followed her around the house
up down
I pulled donna's hair
we wound up crumpled on the living room floor
I told her in her ear you want me to put it in you right
later I cried into the carpet
donna kicked me like a dog
she threw water on me
I imitated her with her teeth bared
donna cried we hugged
I realised that donna
stinks of my money
later I went out to the yard.

Like this? Gordon asked Anonymous,
who half closed his eyes for just an instant:
long eyes, Gordon thought,
he looked at Anonymous' lips:

se movían masticando algo invisible,
intentó asomarse Gordon pero era negro el espacio
y se echó para atrás en su cabeza,
nido de murmullos, pensó, de rumores,
Anónimo sacudió a Gordon:
no, estúpido, así no,
pones antes que nada, muy elegante,
del lado izquierdo de la página:
Querido Diario…
Lo escribió Gordon con su mejor letra.
Abajo metes las frases con orden,
comas, puntos, sin tachones:
todo lo que puedas de Donna, mañas, trucos,
te pisa, te quita tu dinero, te pega con el trapo,
con Ralph susurra en la cocina
mientras arreglas la mesa,
y luego escribe algún pensamiento,
alguna imagen noble, hermosa,
sobre la naturaleza de los jardines
y de las personas;
ahí es donde yo te dictaré.

También le enseñó a no decir nada durante horas,
a quedarse quieto en la silla y ver un punto de luz
en la pared blanca, *¿es dios?,* le preguntaba a Anónimo,
la luz tenía más luz en el centro, fuego en los bordes,
Gordon la sentía arder en su frente,
la ronca voz de Anónimo se ahuecó enorme:
soy yo, Gordon, dios no es mi luz sino tu sombra.
Y aprendió a creer en su sombra con la luz de contraste.

they moved, chewing something invisible,
Gordon tried to see what it was but the space was black,
and he threw his head backwards,
nest of murmurs, he thought, of rumours,
Anonymous shook Gordon:
no, stupid, not like that,
first of all you put, very elegantly,
on the left side of the page:
Dear Diary…
Gordon wrote it in his best handwriting.
Beneath it put your phrases in order,
with commas, periods, without crossing anything out:
all that you can about Donna, her cunning, her tricks,
she crushes you, she steals your money, she beats you with her mop,
she whispers with Ralph in the kitchen
while you set the table,
and then write some thought,
some noble image, beautiful,
about the nature of gardens
and of people;
that's where I'll dictate to you.

He also taught him to not say anything for hours,
to remain still in his chair and look at a point of light
on the white wall, *is it God?* he asked Anonymous,
the light had more light at its centre, fire at its edges,
Gordon felt it burn on his face,
Anonymous's hoarse voice puffed up enormous:
it is me, Gordon, God is not my light but your shadow.
And he learned to believe in his shadow with light in contrast.

7

La primera vez que vio el mar Gordon
hace años en Newport Beach
se quedó tan impresionado que ya no pudo
pensar en nada ese día ni esa noche.
De pie en la arena, descalzo,
sus piernas blancas dos columnas
delgadas frente al horizonte,
le comentó a Donna:
nunca lo habría imaginado tan grande, tan inestable.
¿Es gris o azul?
Siguió mirando el mar ya sentado en la arena.
La espuma se arrojaba en la playa
con pedazos de madera, plantas, conchas,
no lo podía creer, Gordon, tanta espuma
dando vueltas una y otra vez, tanta agua erguida
para caerse con las burbujas en el borde
sin durar, *para qué,* le preguntó a Donna,
ella lo miró incrédula: *no seas payaso, Gordon,*
a ti qué te importa, y salió corriendo hacia el mar.

Gordon se fue acercando a la orilla con cautela,
como un cazador astuto (se dijo a sí mismo)
que no sabe si matar o perdonar
a su presa movediza, timorata.
¿Quién eres?, le espetó al mar,
porque alguien se removía allá dentro,
alguien hacía ruido en el agua,
complicaba el silencio
en la esfera perfecta de ese domingo
tan preparado por Gordon en su mente:

7

The first time Gordon saw the sea
years ago at Newport Beach
it impressed him so much that he could no longer
think about anything else that day or night.
Standing in the sand, barefoot,
his white legs two slender
columns before the horizon,
he commented to Donna:
I never would have imagined it so big, so unstable.
Is it grey or blue?
Now seated on the sand, he continued staring at the sea.
The foam lapped at the beach
with pieces of wood, plants, conches,
he couldn't believe it, Gordon, so much foam
spinning again and again, so much water lifted
to fall with bubbles on its edge
without lasting, *why?* he asked Donna,
she looked at him incredulous: *quit clowning around, Gordon,*
what's it matter to you? and took off running towards the sea.

Gordon approached its edge with caution,
like an astute hunter (he told himself)
that doesn't know if he should kill or forgive
his moving, timid prey.
Who are you? he blurted at the sea,
because someone tossed about out there,
someone made noise in the water,
complicated his silence
in the perfect sphere of that Sunday,
which Gordon had so planned in his mind:

ahí estaré yo con Donna,
pondré la toalla grande en la arena
que aún no conozco
y encima la canasta repleta de comida,
servilletas, platos de plástico y una rosa
para ti, amor, y Donna me dará un beso rápido
y yo le diré, Donna, te quiero.

Pero no estaba ocurriendo así,
el mar de enfrente,
el mar que no se quitaba de la vista,
inquieto, reiterativo,
¿qué pide?, preguntó Gordon con la mueca
ya caída como una boca postiza.
Vio la cabeza de Donna en el agua
atravesada por un destello diagonal
y se sintió ofendido.

Qué mar tan poca cosa, le gritó, ya en el borde,
el agua se fue arremolinando en sus tobillos,
les dio la vuelta con su espuma varias veces
como si buscara algo en la piel
para quedarse y no pudiera, raspándola entonces
antes de irse, musitando entre las piedras,
tú, yo, tú, yo, sol, sol, sol,
pícate los ojos,
cuervo de pacotilla, cuervo de cartón.
Ya déjame, dijo Gordon,
mar pastoso no eres más que lo mismo mareado,
y lentamente, sin dejar de vigilarlo, retrocedió hacia su toalla.

I will be there with Donna,
I will place the big towel on the sand
that I still haven't seen
and on top of that a basket full of food,
napkins, plastic plates and a rose
for you, love, and Donna will give me a quick kiss
and I will tell her, Donna, I love you.

But it wasn't happening that way,
the ocean in front of him,
the sea he couldn't look away from,
restless, reiterative,
what does it want? asked Gordon with his face
already twisted downwards.
He saw Donna's head in the water
lit with a diagonal sparkle
and he felt offended.

You petty sea, he yelled, now at its edge,
the water whirled around his ankles,
it surrounded them with its foam several times
as if searching for something on his skin
to cling on to without finding it, thus scratching it
before leaving, muttering among the rocks,
you, me, you, me, sun, sun, sun,
pluck your eyes,
junk crow, cardboard crow.
Leave me be, Gordon said,
clammy sea you're the same as everything else just dizzy,
and slowly, without taking his eye off it, he backed up to his towel.

No me respeta Anónimo,
concluyó el señor Gordon mientras coloreaba
una cordillera nocturna con su lápiz azul marino
y le ponía estrellas amarillas al cielo
por encima de las montañas y en un rincón
de la hoja con su lápiz marfil la franja
apenas visible de la luna.
Escribió el nombre de cada cosa
para no olvidarlo la próxima vez
y repetir el mismo paisaje
como ya le había pasado
página tras página
con un árbol simple en el centro
y una cabaña roja del lado izquierdo.
Donna se lo dijo: *siempre dibujas igual,*
Gordon, ¡qué aburrido!

Cerró su cuaderno sin firmar el dibujo.
No llegaba Anónimo.
Gordon examinó su pared blanca,
a veces Anónimo se deslizaba por ahí,
una silueta rugosa que se parecía al miedo,
hola, Gordon, y se colocaba en su lugar predilecto,
entre el ceño de Gordon y la superficie de la mesa,
entonces comenzaba esa charla de su voz con su voz,
sólo Gordon era capaz de distinguir
quién era él, quién Anónimo,
nunca terceros, aunque podía suceder que de lejos
el chillido de Donna intentara socavarlos
pero Anónimo siempre le recordaba:

8

Anonymous doesn't respect me,
Mr. Gordon concluded while he coloured in
a nocturnal mountain ridge with his marine blue pencil
and put yellow stars in the sky
over the mountains and in one corner
of the sheet with his ivory pencil the
barely visible fringe of the moon.
He wrote each thing's name
so as not to forget it the next time
and repeat the same landscape
as had already happened
page after page
with a simple tree in the centre
and a red cabin on its left side.
Donna told him: *you always draw the same thing,*
Gordon, how boring!

He closed his notebook without signing the drawing.
Anonymous didn't show up.
Gordon examined his white wall,
sometimes Anonymous appeared over there,
a wrinkly silhouette that resembled fear,
hello, Gordon, and he planted himself in his favourite place,
between Gordon's frown and the surface of the table,
then began that conversation between his voice and his voice,
only Gordon was capable of distinguishing
which was him, which Anonymous,
never a third, although it could happen that from far away
Donna's yell would attempt to undermine them
but Anonymous always reminded him:

ni le contestes, y los dos se reían.

Dónde estás, Anónimo, susurró Gordon.
Ayer antes de irse le había prometido
Anónimo dictarle algunas frases nobles,
hermosas sobre "la naturaleza de los jardines y de las personas"
a cambio de que Gordon le contara
acerca de la cena con Donna y Ralph.
Gordon había hecho una lista de temas:
el vestido lila de Donna,
el escote, casi una llaga en el pecho,
la sonrisa fija rellena de nácar rosa,
el perfume en el cuello, la música de fondo,
Ralph con sus zapatos negros de punta,
su pelo teñido de caoba,
su copete congelado en otro tiempo,
los guiños entre él y Donna cuando habla Gordon:
no seas tonto, Gordon, le repiten y él se calla.

Si no llegas en dos minutos, Anónimo,
lo voy a escribir todo a mi manera.

A dónde vas cuando te vas,
a quién más ayudas.
Gordon se golpeó la cabeza con el puño:
Anónimo traidor.
Y sin detenerse a ver su reloj
lo escribió a su manera.

don't even answer, and the two laughed.

Where are you, Anonymous? muttered Gordon.
Yesterday before leaving Anonymous had promised
him he would dictate some noble, beautiful phrases
about "the nature of gardens and persons" to him
in exchange for Gordon telling him
about the dinner with Donna and Ralph.
Gordon had made a list of themes:
Donna's lilac dress,
its cleavage, almost a wound on her chest,
the fixed smile filled with pink mother-of-pearl,
the perfume on her neck, the background music,
Ralph with his pointed black shoes,
his hair dyed mahogany,
his bouffant frozen in another time,
the winks between him and Donna when Gordon talks:
don't be dumb, Gordon, they tell him and he is quiet.

If you don't arrive in two minutes, Anonymous,
I'm going to write everything my way.

Where do you go when you go,
who else do you help?
Gordon hit his head with his fist:
Anonymous the traitor.
And without stopping to look at his watch
he wrote it his way.

9

pone la mesa donna
y le digo
para él sí verdad
mantel de encaje
cubiertos de plata
copas de cristal cortado
para él guisas te vistes te maquillas
aretes pulseras collares
cualquier cosa relumbrante
que yo gordon no miro nunca

llega ralph le das la mano
te la besa con un chasquido odioso
mientras yo
gordon
me escabullo
pinto mi raya de sorna y silencio
cuando él me pregunta
qué tal mi gordon
ya te acuerdas de quién soy
y los dos se ríen como si me conocieran
yo saco los dientes
soy animal animalito canturreo
donna me pica las costillas
cállate gordon
a ralph le muestro mis manos
no le hagas caso
y entramos a la sala
nadie me rompe digo
soy el más fuerte

9

donna sets the table
and I tell her
for him huh right
lace tablecloth
silverware
glasses of cut crystal
for him you cook you put on make-up
earrings bracelets necklaces
whatever resplendent thing
that I gordon never get to see

ralph arrives you give him your hand
he kisses it with an odious smooch
while I
gordon
slip away
paint my ray of slowness and silence
when he asks me
what's up my gordon?
do you remember me yet?
and the two laugh as if they know me
I take out my teeth
I am an animal a little beast I sing softly
donna pokes my ribs
shut up gordon
I show ralph my hands
don't pay attention to him
and we enter the living room
no one breaks me I say
I am the strongest

donna sirve los tragos le guiña a ralph
él le responde con las rodillas apretadas
el disco suena como una aguja
muy mojada sobre la noche plana
suena detrás de la cortina
¿anónimo eres tú?
no hay nadie cuando jalo las cuerdas
ya cierra grita donna
ralph y ella bailan
mi espíritu de cristal
mi espíritu de papel
yo no lo vi partir
yo no lo vi venir
le señalo a ralph la pared blanca
él acaricia la espalda de donna
no le suelta la cintura
qué mascullas allá abajo gordon
me recuesto en la alfombra
eso le causa gracia a ralph
mírate nomás gordon
insisto en imitar a una oruga
repto y me arqueo
basta gordon aúlla donna
se va a la cocina
ralph me levanta con un jalón de brazo
me tuerce
ya está la cena en la mesa
y si lo amarramos bromea Ralph
me portaré bien les dije y me dije
una lápida mi boca cerrada
les prometo

donna serves the drinks winks at ralph
he responds to her with closed knees
the record sounds like a needle
very wet over the flat night
sounds behind the curtain
anonymous is that you?
there is no one when I pull the cords
close them donna yells
ralph and she dance
my spirit of crystal
my spirit of paper
I didn't see it depart
I didn't see it come
I motion the white wall to ralph
he strokes donna's back
he doesn't let go of her waist
what are you muttering down there gordon
I recline on the carpet
that cracks ralph up
just look at you gordon
I insist on imitating a caterpillar
I crawl and arch my back
that's enough gordon donna howls
she goes to the kitchen
ralph lifts me with a tug of the arm
he twists me
dinner is already on the table
and if we tie him up jokes ralph
I'll behave myself I told them and told myself
my closed mouth a tombstone
I promise them

quién canta en mi cabeza
insepultos junto al río
los huesos del cuerpo mío
anónimo o quién
nada que ver conmigo promulgo
ni los huesos ni esas palabras
¿no vas a hablar gordon?
pregunta ralph conversador
con la cuchara en la mano
donna me dice que ya usas los cuadernos
¿leíste los libros la guía de españa y portugal?
acuérdate si te curas viajamos
habla gordon contesta no seas grosero
ordena donna
¿y el libro de origami?
(el coyote es un secreto que sólo anónimo sabe
cómo construyo el hocico etapa por etapa
finjo que es una casa una puerta
una reja de alambres anudados
esos colmillos en la piel de donna
esos colmillos de mi coyote
cuando lo termine
harán que ella me ruegue otra vez
gordon ya suéltame
pero yo no sacaré los colmillos
hasta que ella me bese
en la boca como antes queriendo
siempre más)
ignóralo
dice donna
platican palomillas en el foco
de los viajes que no han hecho
que van vamos a hacer

who sings in my head
graveless by the river
my body's bones
anonymous or who
nothing to do with me I announce
not the bones nor these words
are you not going to talk gordon?
asks ralph the conversationalist
with a spoon in his hand
donna told me you now use the notebooks
did you read the books the guide to spain and portugal?
remember if you get better we'll go
talk gordon answer don't be rude
orders donna
and the origami book?
(the coyote is a secret that only anonymous knows
how i construct the snout step by step
I pretend it is a house a door
a screen of knotted wires
those fangs on donna's skin
those fangs of my coyote
when I finish it
they'll make her beg me again
gordon let me go now
but I won't take out my fangs
until she kisses me
on the mouth like before wanting
always more)
ignore him
donna says
they talk tiny moths in the lamp
of the trips they haven't taken
that they're we're going to take

míralo:
si yo gordon pudiera hablar
si yo gordon pudiera
¿qué les contaría
anónimo
del mundo de la vida
en las afueras
de ti con el pasto
crecido hasta el cuello?

look at him:
if I gordon could talk
if I gordon could
what would I tell them
anonymous
of the world of life
on the outskirts
of you with the grass
grown up to my neck?

En el libro de origami,
su prólogo breve, una sola página,
lee el señor Gordon
lenta
muy lentamente
que el arte de fabricar objetos de papel
sin cortar, pegar o decorar
sino sólo doblándolo
(el papel)
es tan antiguo que se borra
en el origen de los tiempos,
aunque quizá,
se aclara en el párrafo siguiente,
nació en Japón, donde se practica
desde hace siglos de modo incomparable
y se divide en dos categorías:
    1. figuras para ceremonias y regalos,
    2. pájaros, animales, pescados, insectos, flores, muebles.
"¡Algunos modelos
—finaliza el prólogo con exclamaciones—
vienen con movimientos integrados:
la golondrina que bate las alas
cuando se le jala la cola
o la rana que salta
cuando se le dan golpecitos
con el dedo en el lomo!"
En ningún lugar del libro se explica
el arte de hacer coyotes en Fullerton, California,
a la orilla de una ventana de cristales sucios
donde pega Gordon la cara, respira,

10

In the origami book,
its brief prologue, a single page,
Mr. Gordon reads
slow
very slowly
that the art of making objects out of paper
without cutting, gluing, or decorating
but just by folding it
(the paper)
is so ancient its origins have been erased
from the beginning of time,
although perhaps,
the next paragraph clarifies,
it was born in Japan, where it's been practised
for centuries with incomparable skill
& is divided into two categories:
      1. figures for ceremonies & gifts
      2. birds, animals, fish, insects, flowers, furniture.
"Some models"
– the prologue ends in exclamation –
"incorporate movement:
the stork that flaps its wings
when its tail is pulled
or the frog that leaps
when it is tapped
on its back with the finger!"
Nowhere in the book does it explain
the art of making coyotes in Fullerton, California,
at the edge of a filthy glass window
where Gordon plants his face, breathes,

con el vaho hace su coyote propio
de aire y polvo, el hocico abierto
y escribe: COYOTE TRANSPARENTE
y más abajo en letra minúscula: soy yo Gordon,
luego espera a que pase un minuto,
vuelve a mirar: en el jardín aparece don Jaime
tras los arbustos empujando la podadora,
cierra los ojos Gordon,
se da cuenta de que el miedo
en un costado de su corazón
es sólo su alma.
Sí tengo entonces, se dice emocionado,
y la dibuja en el vidrio:
la sombra de una oblea en el espejo
junto al coyote, *¿cómo se dibuja el miedo?*
pregunta Gordon,
traza una raya recta,
rechina su dedo en el vidrio,
se mezcla con el ruido de la podadora,
oye Gordon que Donna lo llama
desde arriba *pero el ruido es una cárcel*,
se dice, *no puedo salir de aquí.*

and with the steam, traces his own coyote
out of the air & dust, its muzzle open,
and writes: TRANSPARENT COYOTE
and beneath that in tiny letters: I am Gordon,
then he waits for a minute,
looks again: Mr. Jaime appears in the yard,
pushing his lawnmower behind the shrubs,
Gordon closes his eyes,
he is aware that the fear
that inhabits one side of his heart
is just his soul.
I do have one then, he tells himself,
and he draws it on the glass:
the shadow of a wafer on the glass
next to the coyote, *how does one draw fear?*
asks Gordon,
he traces a straight line,
screeches his finger on the glass,
it mixes with the noise of the mower,
Gordon hears Donna call him
from upstairs *but the noise is a jail*,
he tells himself, *I can't leave this place*.

II

Pisando el último segundo
de las nueve de la noche,
cuando Gordon sacude el trapo
lleno de migajas en el basurero,
vuelve Anónimo por encima de su hombro:
hola, Gordon, viejo amigo;
en la punta del cráneo siente Gordon
un roce de tela muy suave,
¿qué traes ahí, Anónimo?
Nada que te incumba, Gordon.
¿Qué has hecho, escribiste sobre la cena?
Gordon decide castigar a Anónimo, no responde.
Enjuaga el trapo, lo huele,
apesta a baba y a dinero, siempre dinero,
entonces se acerca a la estufa,
enciende una hornilla, encima coloca el trapo,
hay mas humo que llamas:
son los centavos que se meten en mi saliva.
Baja Donna gritando
¡qué demonios haces, Gordon!
Quemando el dinero
que me quitas de la boca
con tu trapo sucio,
Donna, Donna mía.
Gordon y Anónimo se tumban en el piso,
revolcándose de pura risa,
qué listo, Gordon, qué listo eres
y con su manto nuevo,
manto gris de pelusa y terciopelo,

Striking the last second
of nine at night
when Gordon shakes the rag
full of crumbs over the dustbin,
Anonymous reappears over his shoulder:
hello, Gordon, old friend;
on the top of his head Gordon feels
the graze of very soft cloth,
what do you have there, Anonymous?
Nothing that concerns you, Gordon.
What have you done, did you write about the dinner?
Gordon decides to punish Anonymous, he doesn't respond.
He rinses the rag, he smells it,
it stinks like spit and money, always money,
so he approaches the stove,
turns on the burner, places the rag on top,
there's more smoke than flames:
they are the cents that get in my saliva.
Donna comes down screaming
what the hell are you doing, Gordon!
Burning the money
that you take from my mouth
with your dirty rag,
Donna, my Donna.
Gordon and Anonymous fall onto the ground
rolling with pure laughter,
how smart, Gordon, how smart you are
and with his new tablecloth,
a grey tablecloth made of fuzz and velvet,

lo va cubriendo despacio Anónimo,
hasta que los dos quedan invisibles bajo la mesa.

Anonymous slowly covers him,
until they both become invisible beneath the table.

Antes
en los ratos libres en su oficina,
cuando no sonaba el teléfono,
sólo el zumbido de las barras de neón
sobre su cabeza y su escritorio,
el señor Gordon, los brazos entrecruzados,
las coderas sueltas, resolvía contar cada cosa
una y otra vez: papeles, ligas, grapas,
lápices, sacapuntas, bolígrafos, plumones.
Dejaba para el final los clips;
eran como ganchos de ropa
los clips, se multiplicaban, se atoraban
juntos, siempre había más que al principio,
cincuenta se convertían por mutuo acuerdo
en cincuenta y cuatro, cien, en ciento cinco,
cuarenta, en cuarenta y nueve.
Gordon se confundía,
¿cómo se cuentan a sí mismos
si no conocen sus números?
Cada clip era un laberinto con dos salidas,
pero Gordon nunca lograba
hallar ninguna a tiempo,
en la curva interior se movía
como un ratón perdido en una cifra única,
se arañaba la frente, *soy gato*, se decía, *soy fiera*,
el ratón atrapado en el clip
subía y bajaba por la curva
repitiendo: *no eres gato,*
no eres fiera. Eres nadie, Gordon,

12

Before
in his free time in the office,
when the phone didn't ring,
only the buzz of the fluorescent tubes
above his head & desk,
Mr. Gordon, his arms crossed,
sleeve protectors loose, resolved to count everything
time & again: papers, rubber bands, staples,
pencils, their sharpeners, pens, markers.
He left the paper clips until the end;
they were like tiny hangers,
the paper clips, they multiplied, they stuck
together, there were always more than at the start,
fifty converted by mutual agreement
into fifty-four, a hundred into a hundred and five,
forty into forty-nine.
Gordon was confused.
How do they count themselves
without knowing their numbers?
Each clip was a labyrinth with two exits,
but Gordon could never
find either on time,
he moved through the interior curve
like a mouse in an unknown maze,
he scratched his face, *I am a cat*, he said, *I am a beast*,
the mouse trapped in the clip
moved up & down its curve
repeating: *you are not a cat,*
you are not a beast. You are no one, Gordon,

peor que nadie, nada…
el ratón se caía por el borde del clip
gritando: *¡ja, Gordon, cero de vuelta!*
Y todos los clips se regaban por el piso,
con sus números dispersos en el linóleo.
Entonces Gordon ponía su cabeza
cansada en el escritorio:
¿por qué nadie es mejor que nada?
Eso nunca lo había entendido.
Si nada es neutro y nadie
el recuerdo seco de alguien,
o tal creía Gordon en esas tardes largas,
mirándose por dentro, *niebla*
o túnel: no hay lentes
para verse, sonriendo Gordon
se paraba: diez para las cinco.
Metía los clips con sus números
revueltos en la pequeña
caja con fuerza: *mañana les gano.*
Y se iba azotando la puerta
con su portafolios y con su saco
el señor Gordon.

worse than no one, nothing…
the mouse fell off the side of the clip
shouting: *ha, Gordon, back to zero!*
& all the clips scattered across the floor,
their numbers dispersed over the linoleum.
So Gordon put his tired
head on the desk:
why is no one better than nothing?
He'd never understood that,
if nothing is neutral & no one
the dry memory of someone,
or so thought Gordon on these long afternoons,
looking within himself, *fog*
or tunnel: there are no glasses
to see yourself, smiling Gordon
stopped: ten minutes until five.
He jammed the clips with their jumbled
numbers back into their tiny
box: *tomorrow I'll beat them.*
& he left with a slam of the door
with his briefcase & his coat,
Mr. Gordon.

En letra diminuta
debajo de la alberca más extraña
en su cuaderno de albercas,
la que gira como una S,
la culebra azul con hoyos de luz abiertos al cielo,
a su alrededor la fila de árboles adornando el boquete de agua,
el orificio de nubes blandas y un pájaro quieto encima,
escribió el señor Gordon:
sólo yo sé que está aquí el dinero,
cuando cierra los ojos lo ve en su sitio,
montones de billetes en la caja de metal,
cuando abre los ojos deja de verlo,
se convierte en frase de Donna,
¿dónde está el dinero, Gordon?
Te lo he dicho mil veces: al fondo de mi alberca,
y ella sale al jardín, no saluda a los vecinos
ni a los nietos de los vecinos,
no saluda a don Jaime que raspa un tronco
viejo como si buscara oro,
camina rápido hacia la alberca, se asoma,
examina el agua, se pone sus lentes, se los quita,
regresa a la casa, *no seas estúpido, Gordon, ahí no hay nada,*
dime dónde está el dinero y lo mira de cerca,
le tuerce el brazo, le muerde la mano,
al fondo, muy al fondo de mi alberca,
intenta besarla, Donna se escabulle,
sube corriendo por la escalera.
Pobre, pobre Donna, canturrea Gordon,
pobrecita con su delantal manchado,

13

In lower case letters
beneath the strangest pool
in his notebook of pools,
the one that spins like an S,
the blue cobra with holes of light open to the sky,
the line of trees at its edge adorning the pit of water,
the orifice of bland clouds and a quiet bird up top,
Mr. Gordon wrote:
"only I know that the money is here",
when he closes his eyes he sees it in its place,
tons of bills in the metal box,
when he opens his eyes he stops seeing it,
it becomes Donna's phrase,
where is the money, Gordon?
I have told you a thousand times: at the bottom of my pool,
and she goes out to the yard, doesn't greet the neighbour
nor the neighbours' grandchildren,
doesn't greet Mr. Jaime who scrapes an old trunk
as if looking for gold,
walks quickly towards the pool, bends down,
examines the water, puts on her glasses, takes them off,
returns to the house, *don't be stupid, Gordon, there's nothing there,*
tell me where the money is and looks at him up close,
twists his arm, bites his hand,
at the bottom, at the very bottom of my pool,
he tries to kiss her, Donna slips away,
runs up the stairs.
Poor, poor Donna, mutters Gordon,
so poor in her stained apron,

su falda vieja de rayas verdes,
tonta, muy tonta mi Donna.

Le explica luego a Anónimo:
cuando oye Donna mi alberca
cree que hablo de la alberca de afuera,
la alberca de todos,
no sabe que tengo muchas,
unas 20, en mi cuaderno,
algunas dibujadas con regla o moldes,
otras recortadas de sus revistas.
Le enseña a Anónimo el cuaderno,
Anónimo finge que bosteza,
Gordon lo sacude, *no te duermas, amigo,*
le cuenta que hojeando una de las revistas
encontró una prueba de IQ,
las preguntas eran siempre sobre animales,
una decía, por ejemplo, si ardilla es igual a rata,
lagartija es igual a: zorro o sapo o caracol o colibrí.
Siempre hay truco,
circulé caracol por la baba en las plantas:
cría piel de lagartija con sus brotes de perla y escama.
Anónimo se burla: *claro, Gordon, lagartija de caracol,*
obvio, ¿y después?
La siguiente pregunta era más difícil:
si alguien dice puse el dinero en mi alberca
y hay veinte albercas, ¿cuál es mi alberca?
Mentira. Ya no hay animales,
debe haber siempre animales,
aclara Anónimo,
Pero sí hay, mi alberca allá abajo
es un animal serpiente,
animal garrapata,

her old skirt with its green stripes,
dumb, very dumb my Donna.

Later he explains it to Anonymous:
when Donna hears my pool
she thinks I'm talking about the pool outside,
everyone's pool,
she doesn't know that I have many,
some twenty, in my notebook,
some drawn with a ruler or stencils,
others cut from her magazines.
He shows Anonymous the notebook,
Anonymous pretends to yawn,
Gordon shakes him, *don't sleep, friend,*
he tells him that, leafing through one of the magazines,
he found an IQ test,
the questions were always about animals,
one said, for example, if a squirrel is the same as a rat,
a lizard is the same as a: fox or toad or snail or hummingbird.
There's always a trick,
I circled snail because of their spit on the plants:
it forms lizard skin with its buds of pearl and scale.
Anonymous scoffs: *of course, Gordon, lizard of snail,*
obvious, and then?
The next question was more difficult:
if someone says I put the money in my pool
and there are twenty pools, which is my pool?
Lie. There are no more animals,
there must always be animals,
Anonymous clarifies,
but there is, my pool there below
is a serpent animal,
a tick,

le está chupando la vida al dinero.
Fíjate bien, Anónimo.
Y por primera única vez
el señor Gordon
se quedó un instante
con la última
palabra.

it's sucking the life from the money.
Pay attention, Anonymous.
And for the first and only time
Mr. Gordon
for a moment got
the last
word.

(a)
¿la vida en el lodo
es superior
a la vida en el aire
en el fuego en el agua?

querido diario,
nadie me dice la verdad
nadie me explica
cómo separar una tierra
de la otra tierra
que voy tocando con la mano,
mano amarrada,
mano lastimada

querido diario,
nadie me dice qué estoy haciendo
aquí boca arriba
cubierto de hojas, de grava,
nadie me pone en el buen camino
ayer me dictó Anónimo
una de sus sabias sentencias:
la primera condición
para la jardinería correcta
es tener un jardín,
y yo, Gordon, quise fabricar
mi propio jardín
pero acabé hundido en el lodo
mis pantalones deshechos
mi camisa en jirones

14

(a)
life in the mud
is superior
to life in air
in fire in water?

dear diary,
no one tells me the truth
no one explains
how to separate a clod of earth
from the other earth
that I am touching with my hand,
bandaged hand,
injured hand

dear diary,
no one tells me what I am doing
here face up
covered in leaves, in gravel,
no one puts me on the right path
yesterday Anonymous dictated to me
one of his sage sentences:
the first condition
of correct gardening
is to have a garden,
and I, Gordon, wanted to build
my own garden
but wound up sunk in the mud
my pants ruined
my shirt shredded

por falta de ciencia
y me dije a mí mismo tan sólo
debo consultar el manual de jardinería
que me regaló mi amigo villano Ralph,
debo leerlo para entender cómo un jardín
se transforma en la parte callada de una persona,
abrí el manual, me salté las cinco páginas iniciales
donde se hablaba de jardines famosos,
el Edén (lo conozco),
el colgante de Babilonia,
el de la Casa Dorada de Nerón,
alguno de Pompeya, de Bizancio,
los italianos, los franceses,
ninguno bello y simple
en Fullerton, California
el mío, me dije, será célebre,
el jardín de Gordon metido
en el más grande que cultiva don Jaime,
el manual sugiere buenos instrumentos
guantes, pala, cordel, rastrillo,
azadón, tijeras y un diseño previo:
pregúntese, añade el manual,
qué tipo de jardín desea,
haga un bosquejo,
yo, Gordon, me dije, quiero un jardín
1) largo,
2) negro,
3) hondo y enraizado;
yo, Gordon, cuerpo de Gordon,
quiero ser jardín en las afueras
de Fullerton, California,
donde nadie me dice la verdad,
donde nadie me pone en el buen camino

for lack of science
and I told myself that
I should just consult the gardening manual
that my villain friend Ralph gave me,
I should read it to understand how a garden
transforms into the silenced part of a person,
I opened the manual, I skipped the first five pages
where the famous gardens were mentioned,
Eden (I know it),
the hanging ones in Babylon,
the one from the Golden House of Nero,
some from Pompeii, from Byzantium,
the Italian ones, the French ones,
none beautiful and simple
from Fullerton, California
mine, I told myself, will be renowned,
Gordon's garden nestled
in the bigger one that Mr. Jaime tends,
the manual suggests nice tools
gloves, shovel, rope, rake,
hoe, scissors and a prior design:
ask yourself, the manual adds,
what type of garden you want,
make a sketch,
I, Gordon, I told myself, want a garden that is:
1) long,
2) black,
3) deep and rooted;
I, Gordon, body of Gordon,
want to be a garden on the outskirts
of Fullerton, California,
where no one tells me the truth,
where no one puts me on the right path

(b)
ayer me contó Anónimo esto, querido diario:
en el Edén se paseaba él con su voz
en la brisa de la tarde,
¿quién eres?, le volví a preguntar,
desde mi lodo tibio,
Anónimo me miró sonriendo:
el gusano que te va a comer
entero para siempre
si no te levantas de una vez,
le dije *ayúdame,*
me dijo NO, *Gordon, ahora* NO.

(b)
yesterday Anonymous told me this, dear diary:
that in Eden he took a walk with his voice
in the breeze of the afternoon,
who are you? I asked him again,
from my tepid mud,
Anonymous looked at me smiling:
the worm that is going to eat you
whole for ever
if you don't get up at once,
I told him *help me*,
he told me NO, *Gordon,* NO *more.*

Tuvo un sueño el señor Gordon:
el nieto del vecino más antiguo,
Bob, el viudo paralítico,
sentado siempre en una silla de ruedas,
ese nieto de nariz chata, ojos muy pequeños,
le arrojaba a Gordon una piedra,
le gritaba: *morirás en el desierto*
y Gordon se ponía de rodillas
para pedirle clemencia a Bob:
óyeme, Bob, mírame, soy Gordon, tu vecino,
*traigo hogazas (*mentira*), traigo flores (*otra mentira*),*
*traigo castañas en mi costal (*eso no era mentira*),*
pero Bob no estaba en el sueño, sólo su nieto,
el nieto más feo de aquella vecindad.

Tuvo otro sueño el señor Gordon:
un alto mástil del mar lo golpeaba en la frente
una vez, dos veces, tres veces,
lo sumía en el agua que era,
según Gordon,
una charola honda de plata,
un fulgurante cuenco de estaño,
y el cuerpo de Gordon se resbalaba
sin dolor casi de un borde al otro,
hasta que alguien, una voz de alguien,
le recordaba sus *derechos*
(así los llamaba la voz en el sueño)
y entonces frente a los cuernos de la espuma
Gordon se erguía como un abogado furioso:
¡toro feroz, no me embistas que me hieres!

15

Mr. Gordon had a dream:
the grandson of his oldest neighbour,
Bob, the paralytic widow
always seated in his wheelchair,
that grandson with the flat nose, very small eyes,
threw a rock at Gordon,
yelled at him: *you will die in the desert*
and Gordon got on his knees
to ask Bob for clemency:
listen to me, Bob, look at me, I'm Gordon, your neighbor,
I bring you bread (a lie), *I bring you flowers* (another lie),
I bring you hazelnuts in their sack (that was not a lie),
but Bob was not in the dream, just his grandson,
the ugliest grandson in the neighbourhood.

Mr. Gordon had another dream:
a tall column of sea hit him in the face
one time, two times, three times,
it submerged him in the water that was,
according to Gordon,
a deep silver tray,
a shiny tin bowl,
and Gordon's body slipped
painless almost from one side to the other,
until someone, someone's voice,
reminded him of his *rights*
(that's what the voice in the dream called them)
and then in front of the horns of foam
Gordon puffed up like a furious lawyer:
ferocious bull, don't attack me, you're hurting me!

y el mar con su toro se deslizaba
por el hoyo de la noche y Gordon,
vestido ya de traje negro,
se ponía a escribir su testimonio,
¡rápido, rápido!, le decía la voz, *cúbrete con mi piel,*
que la posteridad te vea, exclame en conjunto:
ese Gordon tiene cara
de quien vuelve listo de un país lejano.

Aún tuvo un último sueño el señor Gordon:
estaba él mismo sentado en la sala de su casa
mirando el espacio, moviendo los labios,
agitando la luz directa que lo rodeaba
como un halo, un anillo de oro;
estaba él mismo y ni él lo sabía,
pero sí sonaba el aire como si alguien
lo estuviera usando y Gordon
despertó con una sospecha:
Anónimo vive también en mis sueños
y jalando la colcha se dispuso
a seguir durmiendo,
ya sin la espesa costra del temor.

and the sea with its bull slipped
through the hole of night and Gordon,
now dressed in a black suit,
set to writing his testimony,
quickly, quickly! the voice told him, *cover yourself with my skin,*
so that posterity sees you, exclaims in unison,
that Gordon has the face
of someone who eagerly returns from a faraway country.

Mr. Gordon still had one last dream:
he himself was seated in the living room of his house
looking into space, moving his lips,
agitating the direct light that surrounded him
like a halo, a ring of gold;
he was there himself and didn't even know it,
but the air did ring as if someone
was using it and Gordon
woke up with a suspicion:
Anonymous also lives in my dreams
and pulling up the bedspread he decided
to keep sleeping,
now without the thick crust of fear.

Nunca eres
tan alegre
como Ralph,
nunca quieres
pasearte o algo
como Ralph,
ir al cine al parque
a dar vueltas
con la gente
nunca hacemos nada
tú y yo,
le dijo Donna
desde su tembleque
banco de tres patas,
subida ahí limpiando
la alacena de la cocina.
Te gusta Ralph,
Donna, eso es lo que pasa,
estás enamorada de él…
¡Qué tonto, Gordon!
¿Cómo puedes pensar así?
Pero el señor Gordon sabía muchas cosas,
había oído una plática en voz baja
en la sala entre Donna y Ralph;
había visto el roce de sus rodillas
en equilibrio con los ojos declinantes de Ralph
que se encaminaban hacia el escote de Donna,
al unísono los ojos, sus dos faros
mezclados en un solo trayecto de luz blanda;
había visto cómo Ralph le agarraba la mano

You're never
as happy
as Ralph,
you never want
to go out or anything
like Ralph,
go to the movies to the park
to go out
with people
we never do anything
you and me,
Donna told him
from her trembling
three-legged stool,
up there cleaning
the kitchen cupboards.
You like Ralph,
Donna, that is what's happening,
you're in love with him...
How dumb, Gordon!
How can you think like that?
But Mr. Gordon knew many things,
he had heard a whispered conversation
between Donna and Ralph in the living room;
he had seen their knees graze
together with Ralph's declining eyes
that walked towards Donna's neckline,
his eyes in unison, his two beams
mixing into one single trajectory of bland light;
he had seen how Ralph grabbed her hand

mientras ella le decía los secretos
de su vida con Gordon:
ay, Ralph, ya no sé qué hacer… se corta
en el jardín, me escupe, habla solo,
me amenaza, me acosa
por las noches
en la cama…
¿Cómo?
Me mete el dedo…
¿Dónde?
Aquí…
Donna ponía la mano
de Ralph en su entrepierna.
¿Ahí?
Ralph la sobaba por encima de la falda,
y Donna acercaba su boca al oído de Ralph,
le decía *sí, sí,* y los ojos de Ralph
con sus pestañas de viejo
se hundían en el escote hasta que Donna
se quitaba esa cabeza de encima,
 y decía,
ay, Ralph, ya cálmate…
¿Y el dinero?
¿Ya te dijo dónde está?
Se acomodaba el pelo Ralph, carraspeaba,
como un sapo,
le sugirió Anónimo de repente,
no, dijo Gordon, *la voz la tiene*
retraída en la garganta,
su voz alimaña, su voz de cobarde
en la cueva donde vive con su cuerda
raspada por el humo…

while she told him the secrets
of her life with Gordon:
oh, Ralph, I don't know what to do anymore… he cuts himself
in the garden, he spits at me, he talks to himself,
he threatens me, he harasses me
at night
in bed…
How?
He puts his finger in me…
Where?
Here…
Donna placed Ralph's
hand between her legs.
There?
Ralph fingered her over her skirt,
and Donna moved her mouth towards Ralph's ear,
told him *yes, yes* and Ralph's eyes
with his old man's eyelashes
drowned in her cleavage until Donna
pushed his head away,
and said,
oh, Ralph, calm down now…
And the money?
Did he tell you where it is yet?
Ralph rearranged his hair, he cleared his throat,
like a toad,
Anonymous suddenly suggested,
no, Gordon said, *he has his voice*
withdrawn in his throat,
his pestilent voice, his coward's voice
in the cave where it lives with its cords
scratched by smoke…

¿Por las brasas recogidas en alguna estepa?,
lo interrumpió Anónimo.
¿De qué hablas, Anónimo?
El humo viene de adentro.
Pero ya nos distrajimos.
Los escuché conversando
a Ralph, a Donna,
y hablaban de mí.

From the coals collected from some steppe?
interrupted Anonymous.
What are you talking about, Anonymous?
The smoke comes from inside.
But we're distracted.
I heard them talking
Ralph, Donna,
and they talked about me.

De dónde vienen estas palabras,
le preguntó Gordon a nadie
debajo de la regadera,
los pies en el agua,
el corazón en el agua,
las gotas escurriendo por su pecho;

de dónde vienen las frases que oigo:
"tascando la hierba", por ejemplo,
o "gacela entre arbusto y lengua" o "casa de plumas"
o "sonajas de niebla",

si yo, Gordon, el señor Gordon,
Gordon Smith de Fullerton, California,
nunca he sabido nada de nada.

Mi cara redonda tiene una máscara
bajo el agua, otra bajo el tiempo,
mi cara redonda es la de cualquiera,
camino por el jardín y todos me reconocen:
"ahí va Gordon"
entro a mi casa, me miro al espejo,
repito: "ése es yo, el señor Gordon"
y me voy sin rumbo,
subo-bajo, entro-salgo,
abro cajones, cierro cajones,
tiro al piso las pantaletas de Donna,
les bailo encima, les canto
tip-top, de puntitas por los tulipanes

17

Where do these words come from,
Gordon asked no one
beneath the showerhead,
his feet in the water,
his heart in the water,
the drops scurrying down his chest;

where do these phrases I hear come from:
"nibbling the herb," for example,
or "gazelle between shrub and tongue" or "house of feathers"
or "timbres of mist,"

if I, Gordon, Mr. Gordon,
Gordon Smith of Fullerton, California,
have never known anything about anything.

My round face has a mask
beneath the water, another beneath time,
my round face is anyone's,
I walk through the yard and everyone recognises me:
"there goes Gordon"
I enter my house, I look at myself in the mirror,
I repeat: "that's me, Mr. Gordon"
and I amble off,
I go up – I come down, I enter – I leave,
I open drawers, I close drawers,
I throw Donna's panties on the floor,
I dance on top of them, I sing to them
tip-top, on my tiptoes through the tulips,

jugando siempre a que soy alguien
en la cabeza de alguien más;

entonces de dónde viene
bajo el agua
la voz ronca que declara,
la voz hueca que apunta:
mírate la luna en la cara;

me seco, corro al espejo,
borro el vapor,
soy un círculo, mi propia luna,
me digo, llena de mí,
qué hago en su blanco
si estoy allá bajo el agua,
preguntándome de dónde
vienen las palabras
"tal astilla, mi lanza o mi dardo de marfil
¿bicorne?"

always pretending that I am someone
in some other someone's head;

so where does it come from
beneath the water
the hoarse voice that declares,
the hollow voice that notes:
look at the moon in your face;

I dry myself, I run to the mirror,
I erase the steam,
I am a circle, my own moon,
I tell myself, full of me,
what do I do in its white
if I am there under the water,
asking myself where
the words come from
"that splinter, my spear or my ivory dart
bicorn"?

Querido Diario:
mientras veía la tele hoy
me dijo Anónimo
para llamar mi atención
(Anónimo se desespera si no lo oigo
hablar todo el día, a veces en la noche)
me dijo:
cuando nací, Gordon,
cuando nací lejos de esta provincia tuya,
lejos de la autopista, de tu alberca de agua
mezclada con la turquesa del fondo,
junto a una montaña,
bajo el sol directo y antiguo,
un ruiseñor se detuvo en mis labios,
silbó una melodía
que aún escucho cuando me callo,
suena a mil pájaros en uno,
suena a la entraña del cielo...
¿Qué es eso?, le pregunté a Anónimo.
¿¡No sabes!? Ven, te voy a enseñar.
Salimos al jardín,
nos sentamos debajo de un árbol
y me preguntó Anónimo:
¿Cómo sabes que estás donde estás?
Yo seguía pensando en mi programa:
Sue había seducido a Jack
luego Steve había perdido sus ahorros
en una partida de póquer
hasta el coche y la casa
cómo se lo iba explicar a Sue

18

Dear Diary:
while I watched TV today
Anonymous told me
to get my attention
(Anonymous despairs if I don't hear him
talk all day, sometimes at night)
he told me:
when I was born, Gordon,
when I was born far from this state of yours,
far from the highway, from your pool of water
mixed with the turquoise of its floor,
next to a mountain,
beneath the ancient and direct sun,
a nightingale perched on my lips,
whistled a melody
that I still hear when I'm quiet,
it sounds like a thousand birds in one,
it sounds like the sky's entrails...
What is that? I asked Anonymous.
You don't know?! Come, I am going to show you.
We go out to the garden,
we sit beneath a tree
and Anonymous asks me:
How do you know that you are where you are?
I kept thinking about my show:
Sue had seduced Jack
then Steve had lost his savings
in a poker match
even his car and his house
how was he going to explain it to Sue

que en ese momento
estaba en un motel con Jack
entonces Steve se ponía a beber
acababa tirado en la banqueta.
Porque estoy, le respondí.
¿Cómo sabes?
Porque sé que lo estoy, me miro a mí mismo.
¿Te miras? ¡Ja!
¿Cómo sabes que eres tú?
Porque estoy dentro de mí.
¿Quién es mí?
Yo.
¿Quién?
Yo.
¿Y mí?
No te burles, Anónimo,
me estás confundiendo,
quiero meterme a la casa.
No. Demuéstrame que eres tú
y que estás donde estás.
No.
Yo soy tú, Gordon, y mí eres yo,
escucha al ruiseñor: desde el cielo
se lanza para silbar en mis labios.
¿Eso es la entraña?
No.
Déjame ya, Anónimo.
Déjame ser.
Pruébalo.
¿Con sangre?
Tal vez.
¿Si me pongo
aquí y me lastimas

who at that moment was at a motel with Jack
so Steve got to drinking
he wound up passed out on the pavement.
Because I am, I answered him.
How do you know?
Because I know that I am, I look at myself.
You look at yourself? Ha!
How do you know that you are you?
Because I am inside me.
Who is me?
I am.
Who?
I am.
And me?
Don't make fun, Anonymous,
you're confusing me,
I want to go inside.
No. Prove to me that you are you
and that you are where you are.
No.
I am you, Gordon, and me is I,
listen to the nightingale: he launches himself
from the sky to whistle at my lips.
Is that the entrails?
No.
Leave me alone, Anonymous.
Leave me be.
Prove it.
With blood?
Maybe.
If I put myself
here and you hurt me

con tu uña
y yo grito
basta?
No. Tiene que haber una revelación.
No sé cómo.
Sólo muriendo.
Muérete, Gordon.

with your fingernail
and I shout
is that enough?
No. There has to be a revelation.
I don't know how.
Only by dying.
Die, Gordon.

19

Debajo del árbol de mil hojas,
Gordon ya no sabe si es
señor o niño, si mí es yo
o él es tú, si a veces
el aire luce blanco
o la cabeza se tiñe de azul.

Aprieta los ojos, la línea
amarilla en las pestañas
se extiende por su horizonte
y una cruz de calor
—óyelo bien, Anónimo—
se va clavando en la quietud.

Plomo punzante,
eso siente Gordon en medio de la cara;
mira el jardín de todos:
estratos de tierra, anaqueles de insectos
antes de toparse
con la medianía subiendo al cielo.
El jardinero Jaime aparece justo
por el borde del pasto,
cargando una manguera en espiral sobre el hombro.
No ve a Gordon en su sombra debajo del árbol.
No ve que Gordon lo mira agitando la mano.
No ve las palabras que le avienta al viento.

Me tumban, teme Gordon, *me tientan,*
mañana mando más migas, más mallas,
más vidrio, se sorprende, *vida para el agua;*

19

Beneath the thousand-leaved tree,
Gordon no longer knows if he is
a man or child, if me is I
or he is you, if sometimes
the air shines white
or his head is dyed blue.

He squeezes his eyes, the yellow
line in his eyelashes
extends along its horizon
and a cross of heat
—listen up, Anonymous—
is nailed into the stillness.

Sharp lead,
that's what Gordon feels in the middle of his face;
he looks at the shared garden:
stratum of earth, shelves of insects
before bumping
into the middle that rises to the sky.
The gardener Jaime appears just
along the edge of the grass,
carrying a hose spiralled around his shoulder.
He doesn't see Gordon in his shade beneath the tree.
He doesn't see that Gordon sees him, waving his hand.
He doesn't see the words that he tosses to the wind.

They knock me down, fears Gordon, *they poke me,
tomorrow I'll send more crumbs, more netting,
more glass*, he surprises himself, *life for the water;*

mañana seguro don Jaime pulcro
pulirá el ciego vidrio de esa alberca
cuando busque algún reflejo
y lo encuentre atrancado
detrás de la mugre de alas y moscas
flotando como yo, Gordon,
que mido mi tamaño a espaldas en el óvalo
y pateo hasta que sale Donna
de la casa gritando desde lejos:
¡Gordon, estate quieto, ya basta!

Mañana,
se dice o le dicen,
señor simio, niño dulzura,
de la grava a la gratitud,
de la piedra a la piedad,
¿habrá consuelo?

Mañana me dará lo mío Anónimo,
y yo le gritaré desde la hierba:
creer qué o letras de quién,
pelando los párpados
como si al quitar la piel se remediara
el daño de tanta perplejidad.
Señor yo, niño mí, estas letras
que se juntan en palabras
no son las mías,
yo, Gordon,
sólo conozco el silencio
de un escritorio bajo una luz indiferente,
las cuentas enredadas con otro tiempo,
dramáticamente,
árbol de mil hojas,

tomorrow surely tidy Mr. Jaime
will polish the blind glass of that pool
when he looks for some reflection
and finds it barred
behind the grime of wings and flies
floating like me, Gordon,
who compares my size with this oval at my back
and kick until Donna comes out
of the house yelling from afar:
Gordon, be still, that's enough!

Tomorrow,
he says to himself or they say to him,
simian child, simian sweetness
from gravel to gratitude,
from pebble to pity,
will there be relief?

Tomorrow Anonymous will give me what's mine,
and I will shout at him from the plants:
believe what or whose letters,
peeling my eyelids
as if removing the skin would remedy
the damage of so much perplexity.
Mr. I, child me, these letters
that gather in words
aren't mine,
I, Gordon,
only know the silence
of a desk beneath an indifferent light,
accounts entwined with another time,
dramatically,
thousand-leaved tree,

de números fijos
está hecho el infierno,
al menos hoy.

hell is made
of fixed numbers,
at least today.

20

Se acerca don Jaime a la sombra del cuerpo acostado:
¿Qué le pasa, señor Gordon? ¿Está bien, señor Gordon?
Lo ve Gordon y piensa:
es mi alma gemela, alma de los jardines.
Sí, sí, don Jaime… estoy bien,
se pone de pie bajo el árbol de mil hojas,
sacude su ropa,
se quita las briznas,
se frota los ojos
y regresa a su vida más simple.
Oiga, don Jaime — por fin se atreve —
le quiero enseñar un día mi cuaderno de albercas…
Jaime ve hacia arriba, sonríe
con la dentadura quebrada;
debajo de su piel se asoma
el fantasma rosa de la vergüenza.
Sí, señor Gordon, cuando quiera.
Se manosea las manos,
mira la tierra como si ahí se ocultara
con sorna la siguiente frase, suspira:
Este… yo también… tengo un cuaderno;
¿me daría su opinión?
¿Es de albercas?
No, señor Gordon. Es una ciudad,
fabriqué una ciudad.
No entiendo.
Una ciudad para construirla encima
de la mía. Ya verá.
¿Cuándo?

20

Mr. Jaime approaches the shadow of the body lying down:
what are you doing, Mr. Gordon? Are you okay, Mr. Gordon?
Gordon sees him and thinks:
he's my twin soul, soul of the garden.
Yes, yes, Mr. Jaime... I'm okay,
he stands up beneath the thousand-leaved tree,
shakes off his clothes,
picks off blades of grass,
rubs his eyes
and returns to his simpler life.
Listen, Mr. Jaime – he finally ventures –
I want to show you my notebook of pools...
Jaime looks upwards, smiles
with his cracked teeth;
beneath his skin the red ghost
of embarrassment begins to appear.
Yes, Mr. Gordon, whenever you like.
He fumbles with his hands,
looks at the ground as if his next phrase
were hidden there ironically, he sighs:
um... I also... have a notebook;
would you tell me what you think?
Is it of pools?
No, Mr. Gordon. It's a city,
I made a city.
I don't understand.
A city to build on top
of mine. You'll see.
When?

Alguna mañana
yo lo busco
aquí bajo el árbol.
Cuidado con mi sombra, eh, don Jaime,
no la vaya a confundir conmigo.
Asegúrese antes de enseñarme la ciudad,
pues mi sombra roba.
Y con una larga risa,
Gordon se dirige a su casa.

Some morning
I'll look for you
here beneath the tree.
Be careful with my shadow, eh, Mr. Jaime,
don't mistake it for me.
Make sure it's me before you show me the city,
because my shadow is a thief.
And with a long laugh,
Gordon heads to his house.

(Un día Donna le pide
a Gordon que aprenda a fingir,
se le nota cada cosa
que siente en la cara,
le dice,
es de mala educación,
le dice,
no debe entenderse lo que ocurre
en la mente de alguien
sólo por sus gestos,
hay que fingir,
le dice,
¿todos lo hacen?, pregunta Gordon,
todos salvo tú,
pero yo, Gordon,
creo que nadie nunca finge
en Alaska o en la Patagonia,
para qué además si el hielo
esconde cualquier detalle visible,
las personas se van perdiendo
en la escarcha, he visto
los programas,
no digas tonterías, Gordon
finge con Ralph por ejemplo
siempre se ve que te hiere
te domina, te enoja
es que me hiere
tú me hieres, Donna
ya ves bobo
te repito
finge.)

21

(One day Donna asks
Gordon to learn to pretend,
she notices everything
he feels on his face,
she tells him,
it's bad manners,
she tells him,
you shouldn't know what is happening
in someone's mind
just by their faces,
you have to pretend,
she tells him,
everyone does that? Gordon asks,
everyone but you,
but I, Gordon,
believe that no one pretends
in Alaska or in Patagonia,
why if the ice
hides any visible detail,
people get lost
in the frost, I have seen
the shows,
don't be dumb, Gordon
pretend with Ralph for example
it always shows that he hurts you
he dominates you, he angers you
but he does hurt me
you hurt me, Donna
you see dummy
I repeat,
pretend.)

De nuevo sentado
a la mesa del comedor
con los cuadernos enfrente
y los libros en pila
junto a su brazo derecho,
Gordon se da cuenta
de que nada le gusta
más que aburrirse.

Pasan tres minutos según su reloj,
decide hurgar en su cabeza,
hay fragmentos, colores, gente
que va por un recuerdo
como por una historia
que alguien más fabrica
para que hoy apenas
la oiga Gordon en su mente.
Pasa otro minuto,
sonríe al destello del último sol en la ventana,
soba la superficie de la mesa
y se vuelve a meter en sí mismo.
¿Dónde estás, Gordon? ¿Dónde estás, Anónimo?
Adentro es un lugar negro primero,
luego gris, geométrico,
rectangular, aunque borroso en los costados.
Ahí es donde se piensa: aburrirse es pensar.

¿En qué?
Otra vez hurga Gordon;
nunca en su vida, ya ocurrió su vida

22

Seated again
at the dining room table
with his notebooks in front of him
and his books in a pile
next to his right arm,
Gordon notices
that he likes nothing
more than being bored.

According to his watch three minutes pass,
he decides to rummage around his head,
there are fragments, colours, people
that go through a memory
like through a story
that someone else makes up
so that today
Gordon barely hears it in his mind.
Another minute passes,
he smiles at the sparkle of the last of the sun through the window,
he strokes the surface of the table
and he goes back into himself again.
Where are you, Gordon? Where are you, Anonymous?
Inside is a black place at first,
then grey, geometric,
rectangular, though blurry at the sides.
That's where thinking happens: to get bored is to think.

About what?
Gordon pokes around again;
never in his life, his life already happened

y Gordon no recuerda cómo recordar,
se le atora el tiempo en el rectángulo
como un animal salvaje
que se azota contra los muros
y se va matando de tanto querer salir.
No hace falta además recordar;
Gordon sabe que es Gordon,
que tuvo infancia y después ya no,
que fue a la escuela y después ya no,
que conoció a Ralph en la universidad,
que abandonó la universidad,
que visitó enamorado el mar,
que esa mañana le ganó al mar,
que se casó con Donna,
que trabajó contando números
muchos años y una tarde,
lo reconoce,
extravió la pista de su persona
en el rectángulo de su persona,
y ahí está todavía,
pensando aburrido en qué hacer
con las horas que le quedan hoy.
Pasan cinco minutos.
Afuera los nietos de los vecinos gritan
sus nombres: *Paul, Dick, Harry, Joan, Judy*…
Gordon quisiera que gritaran el suyo;
se levanta para asomarse por la ventana.
Hay ramas que interfieren
bruscamente con la expectativa
del paisaje imaginado desde su asiento.
Tendrá que cortarlas con Jaime
algún día, luego se irán a descansar
bajo el árbol de mil hojas,

and Gordon doesn't remember how to remember,
the time in the rectangle mires him
like a wild animal
that smacks against the walls
and slowly kills itself because it so wants to escape.
Remembering, what's more, is not necessary.
Gordon knows he is Gordon,
who had a childhood and then didn't any more,
who went to school and then didn't any more,
who met Ralph in college,
who dropped out of college,
who in love visited the sea,
who that morning defeated the sea,
who married Donna,
who worked counting numbers
many years and one afternoon,
he recognises it,
he lost track of his person
in the rectangle of his person,
and there he is still,
tiredly thinking about what to do
with the hours that remain today.
Five minutes pass.
Outside the neighbours' grandchildren shout
their names: *Paul, Dick, Harry, Joan, Judy…*
Gordon wishes that they would yell his;
he gets up to look out of the window.
There are branches that interfere
brusquely with his expectation
of the view he imagined from his seat.
Jaime will have to cut them
some day, then they will go to rest
beneath the thousand-leaved tree,

de pronto Gordon sacará su cuaderno de albercas
y don Jaime exclamará ante la variedad de las formas,
pero eso pertenece al futuro,
hoy Gordon no necesita distraerse,
se moja un dedo con saliva,
limpia la mancha de polvo en el vidrio,
trasluce entonces del otro lado
la huella de la lluvia escurrida;
otra tarea para el futuro.
De vuelta en la silla
Gordon ya presiente a Anónimo,
vislumbra el humo del miedo
que va llenando el rectángulo;
cría grietas el ruido de esa voz
en los surcos donde Gordon
mira la pista del tiempo
y se pregunta cómo desarmar
el cronómetro ordinario de la tierra;
cría distancia esa batalla de palabras
en su cabeza cuando Anónimo
le reclama *tú quién eres, Gordon*
y él balbuce *yo, yo, yo*
angustiado por la lentitud
de las pruebas que no llegan nunca,
cría noticias en la penumbra
cuando a Gordon lo sorprende Anónimo
con las manos tiesas y la mirada muerta.
¿Pero qué haces, mi Gordon?
Nada como siempre, ¿verdad?
No puede ser. Anda…
Agarra un libro…
Y muy despacio se estira Gordon,
toma la pluma,

before long Gordon will take out his notebook of pools
and Mr. Jaime will shout out at the variety of shapes,
but that belongs to the future,
today Gordon needs to distract himself,
he wets a finger with saliva,
cleans the dust stain from the glass,
so that the imprint of fallen rain
shows through from the other side;
another chore for the future.
Back in his chair
Gordon now foresees Anonymous,
discerns the smoke of fear
that fills the rectangle;
that voice's noise grows cracks
in the furrows where Gordon
watches the course of time
and asks himself how to disarm
the earth's ordinary chronometer;
this battle of words breeds distance
in his head when Anonymous
challenges him *who are you, Gordon*
and he mutters *I, I, I*
frustrated by the slowness
of the proofs that never arrive,
breeds news in the penumbra
when Anonymous surprises Gordon
with his stiff hands and dead gaze.
But what are you doing, my Gordon?
Nothing like always, right?
It can't be. Go on…
Grab a book…
And very slowly Gordon stretches,
takes his pen,

raya la mesa con los círculos de infinito
que rechinan en su conciencia,
abre la boca y se clava un instante
en el silencio de la tristeza
que lo invade antes de cualquier acto.
¿Qué libro?
El que sea…
A ver… Éste… Cómo emplearse sin empleo.
¡Muy bien, Gordon!
Y mi conciencia, pregunta Gordon,
¿¡Qué!?
Mi conciencia tiene huesos
y están todos rotos, Anónimo.
¡Ja! Anda… abre el libro.

marks the table with the infinite circles
that creak through his consciousness,
opens his mouth and is nailed for an instant
into the silence of sadness
that invades him before every act.
Which book?
Whichever…
Let's see… This one… How to Work Without Going to Work.
Very good, Gordon!
And my conscience, asks Gordon,
What?!
My conscience has bones
and they're all broken, Anonymous.
Ha! Go on… open the book.

Y así empieza el libro:
"Desde épocas remotas
el hombre o los seres humanos
siempre han trabajado.
¡El trabajo es lo más saludable que hay!
En la Biblia todos trabajan y por eso progresan..."
[¡Qué mentira! Adán no hacía nada,
dice Gordon,
andaba paseándose todo el día en el paraíso,
se ríe Gordon,
cogiendo con Eva,
que fue antes su costilla. Asqueroso.]
"¿Qué es el trabajo? Difícil responder a esa pregunta..."
[¿Por qué es difícil? Tonto libro de Ralph.
Sigue leyendo, Gordon.]
"Hay muchos tipos de trabajo y en cada uno
valores eternos que demuestran la lucha tenaz
de los hombres ante los avatares..."
[¿Qué es un avatar, Anónimo?
Algo que ocurre...
Algo siempre esta ocurriendo,
para qué señalarlo con una palabra
que debe definirse con otra palabra
más sencilla que es una obviedad...
Lee, Gordon...
Espérame... No entiendo
por qué en los libros de Ralph
siempre hay primero un Prólogo
o una Introducción o un Prefacio
que nos explica dónde va

And this is how the book begins:
"Since times long past
man, the human being,
has always worked.
Work is the healthiest thing there is!
In the Bible everyone works and that's why they progress…"
[What a lie! Adam didn't do anything,
Gordon says,
he spent all day walking around Paradise,
Gordon laughs,
fucking Eve,
who used to be his rib. Disgusting.]
"What is work? It is difficult to answer that question…"
[Why is it difficult? Dumb book of Ralph's.
Keep reading, Gordon.]
"There are many types of work and in each one
eternal values that demonstrate the tenacious struggle
of man before the avatars…"
[What is an avatar, Anonymous?
Something that happens…
Something is always happening,
why represent it with a word
that must be defined with another
simpler word that is an obviousness…
Read, Gordon…
Wait… I don't understand
why in Ralph's books
there is always first a Prologue
or an Introduction or a Preface
that explains to us where it's going

a empezar de veras
y de qué va a tratar;
por qué no comienzan
exactamente
desde el principio…
Deja de hablar, Gordon… Lee…]
Pensó Gordon muy adentro
del rectángulo en su cabeza:
tal vez cuando uno se percibe lúcido,
como yo ahora,
lúcido, agudo, ingenioso,
genio de provincia,
planteando preguntas precisas
en Fullerton, California,
desde una casa en un jardín,
se debe meramente a que es cierto.
[¿Qué opinas de mí, Anónimo?
Nada.
No puede ser; nada no puede ser.
Que no eres nadie.
No digas eso…
Pobre Gordon, oruga Gordon, gusano Gordon,
flojo Gordon, cero Gordon… Eres un puro cero: eso opino…
Los ceros son círculos o aros o salvavidas
o agujeros o pozos; los hay por todas partes
¿por qué van a ser malos?
Los ceros son amigos, Anónimo…
Ya cállate y lee…]
"El trabajo en el campo,
el trabajo en la ciudad,
en la siega o en la fábrica,
en el bosque o en la calle,
a la intemperie o en la casa,

to really start
and what it's going to be about;
why don't they begin
exactly
at the beginning...
Quit talking, Gordon... Read...]
Gordon thought, from very deep inside
the rectangle in his head:
perhaps when one perceives oneself as lucid,
as I do now,
lucid, sharp, ingenious,
suburban genius,
posing precise questions
in Fullerton, California,
from a house in a garden,
it must merely be true.
[What do you think of me, Anonymous?
Nothing.
That can't be; nothing can't be.
That you are no one.
Don't say that...
Poor Gordon, Gordon caterpillar, Gordon worm,
lazy Gordon, Gordon zero... You're a perfect zero: that's what I think...
Zeros are circles or rings or lifesavers
or holes or wells; they exist all over the place.
Why would they be bad?
Zeros are friends, Anonymous...
Just shut up and read...]
"Work in the country,
work in the city,
at the harvest or in the factory,
in the forest or on the street,
in the outdoors or in the home,

con las manos o con la mente,
en invierno o en primavera,
en verano o en otoño,
en la mañana o en la noche
es noble y engrandece…"
[¡¿Qué?! Uno puede odiar su trabajo…
Paciencia, Gordon, ya viene la verdad…]
Gordon se frotó los ojos,
miró el muro blanco:
[es un color cero,
le dijo a Anónimo,
blanco soy yo cero
círculo soy yo viéndote
en el fondo profundo
ahogándote en el hoyo, Anónimo,
¿y la verdad ya viene?
Sí… anda, sigue…]
"Pero llega una etapa
en la existencia de todos los hombres
o seres humanos
que se denomina jubilación.
Es el inicio de otra era,
muy importante, aunque delicada.
Puede suceder que a uno
lo invadan sentimientos
de inseguridad, de vacío.
¡Cuidado! Es muy fácil
caer en la depresión.
Por eso es fundamental
que lea y subraye este Libro;
siga las instrucciones o Leyes,
como las llamamos aquí,
día con día."

with the hands or with the mind,
in winter or in spring,
in summer or in fall,
in the morning or at night
is noble and enlarges…"
[What?! One can hate one's work…
Patience, Gordon, the truth is coming…]
Gordon rubbed his eyes,
looked at the white wall:
[it's a zero color,
he told Anonymous,
white am I zero
circle am I seeing you
in the deep bottom
drowning in the hole, Anonymous,
and is the truth coming now?
Yes… go on, continue…]
"But there comes a stage
in the existence of every man
or human being
known as retirement.
It is the beginning of another era,
very important, though delicate.
Some may be
invaded by feelings
of insecurity, of emptiness.
Beware! It is very easy
to fall into depression.
It is therefore essential
that you read and <u>underline</u> this book;
follow its instructions or laws,
as we call them here,
day by day."

[¿Es por día?
Calma, Gordon…]
"LUNES
- Levantarse temprano
- Hacer 10 sentadillas
- Bañarse y frotarse el cuerpo con una esponja áspera para que circule la sangre
- Vestirse
- Besar a su esposa (o si es viudo: recordarla con cariño)
- Preparar el desayuno
Consejo: el resto del día lo puede dedicar a la reflexión acerca de los obstáculos que le impiden avanzar en su camino.

MARTES
- Levantarse temprano
- Hacer 11 sentadillas"
[Es lo mismo, Anónimo, mira,
sólo cambian las sentadillas…
Ah, y el Consejo…
"Tomar en sus manos las riendas y no girar ni a la izquierda ni a la derecha."
[¿Eso es la verdad?
No.
¿Qué es?
No te calles, Anónimo,
o voy a cavar el hoyo de vuelta,
lo voy a rodear con un listón azul cielo,
voy a amarrarte,
voy a matarte…
Ya, ya, Gordon… Sigue.]
"MIÉRCOLES"
[Lo mismo…
12 sentadillas…
Lo mismo…]

[It's by day?
Calm down, Gordon…]
"MONDAY
— Wake up early
— Do 10 sit-ups
— Bathe and rub your body with a rough sponge so that the
  blood properly circulates
— Get dressed
— Kiss your wife (or if you are a widower: remember her with
  affection)
Advice: you may dedicate the rest of the day to reflection on the
  obstacles that impede your advancement on the journey.
TUESDAY
— Wake up early
— Do 11 sit-ups"
[It's the same, Anonymous, look,
they just change the sit-ups…
Ah, and the Advice…
"Take the reins in your hands and don't turn to the left nor the
right."
[Is that the truth?
No.
What is?
Don't keep quiet, Anonymous,
or I'm going to dig the hole again,
I'll surround it with a sky-blue ribbon,
I'm going to tie you up,
I'm going to kill you…
Enough, enough, Gordon… Continue.]
"WEDNESDAY"
[The same thing…
12 sit-ups…
The same thing…]

"Consejo: no se arroje al río sin asegurarse antes de que es el mismo de siempre,
*   con el agua de siempre."*
[¡Ja! Ésa es la verdad.
Aquí no hay río, Anónimo…
No te preocupes: tú y yo
lo vamos a inventar: el río, río, río
de ti, Gordon…
No pongas esa cara de plato perplejo…
Acuérdate: es sólo metáfora
o parábola, según el tiro…
¿El qué?
El rito.
No dijiste eso.
Bueno. Entonces el grito.
Grita, Gordon, anda, grita.]
Y el señor Gordon gritó hasta
que ya no pudo sacarle
otro sonido a su garganta.

"Advice: don't plunge into the river without first ensuring that it
    is the same as always, with the same water as always."
[Ha! That one's the truth.
There is no river here, Anonymous…
Don't you worry: you and I
are going to invent it: the river, river, river
of you, Gordon…
Don't make that perplexed moon face…
Remember, it's only a metaphor
or parable according to the toss…
The what?
The shot.
You didn't say that.
Well. Then the shout.
Shout, Gordon, go ahead, shout.]
And Mr. Gordon shouted until
he couldn't get
another sound out of his throat.

Ahora que ya conoce la palabra
cada vez que Gordon se fija en su reloj
ocurre algo: un *avatar*.

A la 1.30 p.m.
entra Donna a la cocina
para anunciarle
que Ralph viene en la noche
y antes de salir
le advierte a Gordon:
si vuelves a gritar como ayer
te voy a denunciar con las autoridades...
¿Qué autoridades?
le pregunta Gordon
y ella −1.38 p.m.− se va de la cocina
hincando los tacones en la felpa
(como mula, piensa el señor Gordon)
y entonces al filo de la 1.40 p.m.
Gordon aprende algo nuevo:
el silencio alarga el tiempo
mientras que las palabras lo consumen.
El centro de mando está ahí;
Gordon podría controlar el tiempo,
pero siempre en combinación
callando o hablando,
pues el silencio a solas se incrusta
en sí mismo segundo tras segundo,
un tictac interno que se oye
porque la persona, ya desactivada,
sin testigos,

24

Now that he knows the word
every time that Gordon focuses on his watch
something happens: an *avatar*.

At 1.30pm
Donna enters the kitchen
and announces
that Ralph is coming that night
and before leaving
she warns Gordon:
if you shout again like yesterday
I'm going to turn you in to the authorities…
What authorities?
Gordon asks her
and she – 1.38pm – leaves the kitchen
divoting the rug with her heels
(like a mule, thinks Mr. Gordon)
and then at exactly 1.40pm
Gordon learns something new:
silence lengthens time
whereas words consume it.
The command centre is there;
Gordon could control time,
but always in combination
silent or talking,
since silence alone embeds itself
in itself second after second,
an internal tick-tock that is heard
because the person, now deactivated,
without witnesses,

fabricó ese latido callando para nadie;
en cambio las palabras borran al tiempo,
lo cubren como una catarata
revuelta de cascajo y desperdicio,
luces de estaño,
brotes de lija entre la lisura
que uno observa cuando el agua tapa
una roca curva y luego baja
hacia donde se estanca
con las burbujas amarillas en los bordes,
que opinan en guturales como si tuvieran permiso.
¡Ya cállense!, les dice Gordon
traspasando la pared literal
hacia el agua donde se rumora
que nadie muere y nadie se salva.
¡Cállense o me callo!
2.00 p.m.:
el hambre distrae a Gordon:
contempla el refrigerador,
mueve su silla,
clava el talón para levantarse.
2.03 p.m.:
regresa Donna,
¿qué haces? Quítate, Gordon,
yo me encargo, dejas todo sucio...
2.04 p.m.:
se sienta Gordon y mira
el cuerpo en movimiento de Donna,
piensa en las manos amarradas debajo de la sábana,
los puños cerrados rascando el vacío
como ratas inhibidas por la cueva de tela y de uñas.
2.11 p.m.:
¿cómo es una rata inhibida, Gordon?,

fabricated that beat by keeping silent for no one;
on the contrary words erase time,
they cover it like a waterfall
scrambled with gravel and waste,
tin lights,
blossoms of sand amidst the smoothness
that one observes when the water covers
a curved rock and then lowers
towards where it stagnates
with yellow bubbles at its edges,
grunting their opinions as if they had permission.
Shut up already! Gordon tells them
trespassing the literal wall
towards the water where it is rumoured
that no one dies and no one is saved.
Shut up or I'll shut up!
2.00pm:
hunger distracts Gordon:
he contemplates the refrigerator,
moves his chair,
strikes his heel to get up.
2.03pm:
Donna returns,
what are you doing? Move, Gordon,
I'll do it, you make a mess…
2.04pm:
Gordon sits and watches
Donna's body in movement,
thinks about his hands tied beneath the sheet,
his closed fists scratching at the void
like rats inhibited by the cave of cloth and fingernails.
2.11pm:
what is an inhibited rat like, Gordon?

le pregunta Anónimo de repente.

Es una rata asustada con la nariz husmeando el aire.

2.30 p.m.:

le da su sándwich Donna

y se va ella con el suyo arriba.

Gordon mastica con la boca abierta,

se chupa los dedos,

se atiborra, pica las migajas.

2.58 p.m.:

oye, Anónimo, ¿sigues ahí?

Alguna vez toqué esos labios con la lengua,

Donna no me puede amarrar la lengua:

¿entonces?

A Donna la voy a lamer hoy,

voy a lamerle la cara, el cuello,

los hombros, las tetas viejas,

la panza colgante,

hasta llegar a la zona prohibida

donde voy a clavar los dientes…

¿Cómo una rata?

No, como un coyote, yo soy coyote, Anónimo…

Anonymous suddenly asks him.
It's a scared rat with its nose sniffing the air.
2.30pm:
Donna gives him his sandwich
and goes upstairs with hers.
Gordon chews with his mouth open,
licks his fingers,
he gorges himself, picks at the crumbs.
2.58pm:
hey, Anonymous, are you still there?
Once I touched those lips with my tongue,
Donna can't tie my tongue up:
so?
Today I'm going to lick Donna,
I'm going to lick her face, her neck,
her shoulders, her old boobs,
her hanging belly,
until I get to her prohibited zone
where I'm going to sink my teeth in…
Like a rat?
No, like a coyote, I am a coyote, Anonymous…

(a)
Suena el timbre, baja
por las escaleras
Donna: ¡es Ralph, Gordon, apúrate!
¿A qué?,
piensa el señor Gordon,
estirándose en el sofá,
ahora soy un gato perfecto,
se dice, dormido con un ojo,
despierto con el otro,
cazando en las afueras,
gorriones en invierno, golondrinas
y cosas de cobre en el verano.
Se levanta Gordon,
bosteza y espera.

Flaco y hablando,
encorvado y con pasos lentos,
opacos, de viejo cauteloso,
rodillas secas, rechinantes,
espina curva, culebra
o manguera, según el día,
entra Ralph a la sala
detrás de Donna,
vaca vejada, observa Gordon,
ni mi coyote podría mordisquear
ese pellejo que le cuelga como una bolsa.

¿Un Martini, Ralph?,
pregunta Donna con su voz más cantarina

25

(a)
The doorbell rings,
Donna goes down the stairs:
it's Ralph, Gordon, hurry up!
What for?
thinks Mr. Gordon,
stretching out on the sofa,
now I am a perfect cat,
he tells himself, sleeping with one eye,
awake with the other,
hunting on the outskirts,
sparrows in the winter, swallows
and copper things in the summer.
Gordon gets up,
he yawns and waits.

Skinny and talking,
slouched and with the slow, opaque steps
of a cautious old man,
dry knees, grating,
curved spine, snake
or hose, depending on the day,
Ralph enters the living room
behind Donna,
vexed cow, Gordon observes,
not even my coyote could gnaw
the hide that hangs from her like a bag.

A Martini, Ralph?
Donna asks in her most sing-song voice

– Gordon la remeda en susurros por dentro –
Claro, mi querida Donna…
¿Cómo estás, Gordon? ¿Mejor?
Cierra los ojos Gordon,
busca una salida en su cabeza
o un hoyo que la desinfle.
¿Eh, Gordon?
¿Qué?
¿Que cómo estás?
¿Que quién no está?
Tú, te digo, ¿cómo estás?
Yo… nunca estoy…
Basta, Gordon, no seas bruto,
muge la vaca
pelando los dientes.

(b)
A Ralph le gustan las corridas,
toro, toro
proclama de pie agitando
la servilleta como una capa
mientras Donna se ríe: *ay, Ralph*
y Gordon se concentra en la sangre
que debería brotar en ese instante
del pelaje herido, los cuernos
ya lastrados por la bruma del jadeo,
sangre púrpura, rastrera sangre,
toro, toro
se dice a sí mismo y le duele
una costilla, le duele un muslo,
lo raspa la arena, lo ensucia el sudor
y la baba del animal que trae adentro
porque Ralph blande la servilleta

– Gordon mimics her in silent whispers –
of course, my dear Donna…
How are you, Gordon? Better?
Gordon closes his eyes,
searches for an exit in his head
or a hole to deflate it.
Huh, Gordon?
What?
I said, how are you?
That who isn't here?
You, I'm asking you, how are you?
I… am never here…
Enough, Gordon, don't be a brute,
moos the cow
baring her teeth.

(b)
Ralph likes bullfights,
toro, toro
he shouts standing shaking
his napkin like a cape
while Donna laughs: *oh, Ralph*
and Gordon concentrates on the blood
that should bloom in that instant
from the injured fur, the horns
already weighed down by the haze of panting,
purple blood, creeping blood,
toro, toro
he says to himself and a rib
hurts him, a muscle hurts him,
the sand scrapes him, he's dirtied by
the sweat and animal spit he has inside
because Ralph brandishes his napkin

y Donna lo adora.
Odio las corridas…
¿Qué? ¿Tú qué sabes, Gordon?
Nada, pero las odio… Los toros muertos
rodeados de polvo y viento ardiente,
las personas con sombreros
gritando bravo…
Dicen Ole y es un arte, Gordon,
hasta Hemingway escribió…
¿Quién es Hemingway?
¡Ya ves! No sabes nada de nada…
Y Ralph y Donna se ríen más juntos todavía.

Gordon empieza a incrustarse;
una piedra en su cabeza.
La patea con la punta de su zapato,
la piedra da dos giros en el aire y aterriza
justo en el estanque de su ojo izquierdo.
¡Cuidado!, le advierte Anónimo desde muy lejos,
pero ya es muy tarde, el ojo ve puro negro,
lodo calcando un risco en la orilla de las pestañas,
piedra gris y callada.
Gordon ya no encuentra palabras.

¿Qué dices, Gordon?
TttttRrrrrrr
Nuuuuuuu
¿Qué?
Tantos toros traen truenos.
No entiendo, Gordon…
¿De qué hablas?
Nudos en la garganta.
Ninfa en la cuerda.

and Donna adores him.
I hate bullfights…
What? What do you know, Gordon?
Nothing, but I hate them… The dead bulls
surrounded by dust and stinging wind,
people with sombreros
shouting bravo…
They say Olé and it's an art, Gordon,
even Hemingway wrote…
Who is Hemingway?
You see! You don't know anything about anything…
And Ralph and Donna laugh more together still.

Gordon begins to draw into himself;
a stone in his head.
He kicks it with the tip of his shoe,
the stone spins twice in the air and lands
exactly in the pond of his left eye.
Be careful! Anonymous warns him from very far away,
but it is already too late, the eye sees pure black,
mud tracing a bluff on the edge of his eyelashes,
stone silent and grey.
Gordon no longer finds words.

What did you say, Gordon?
Tttttt Rrrrrrr
Nuuuuuuu
What?
Big bulls bring bolts.
I don't understand, Gordon…
What are you talking about?
Knots in the throat.
Nymph on the cord.

Jala, Ralph.
Ahí está el dinero
en la punta más distante,
jala, o la ninfa se quiebra,
se ahorca, jala hasta
que sientas un dolor en el brazo,
la ninfa nenúfar, ninfa nada
ningunéandome
no Ralph, así no...
¿De qué hablas, Gordon?
Lo que digo, Ralph,
lo que repito, Donna,
el dinero se esfuma
no la costumbre de quererlo,
en la noche lo he visto vestirse de oro
y le he echado en cara su brillo:
eras metal mate y mírate ahora:
azafrán amarillo, piña, flor de tigre...
¿Qué demonios andas diciendo?
Ya cállate, Gordon.
Espera, Donna, está hablando del dinero
(susurra Ralph con un guiño).
Claro, Gordon, tigre, Gordon, valiente,
se esfuma el dinero, dices, ¿dónde?
Anda, Gordon...
Se esfuma en el prado, hombre y ave,
agua pierden cuando la casa tima al bosque
¿entiendes?
Sí, sí... Piensa, Gordon, el viaje...
¿Ya leíste la guía de España y Portugal?
¿Por qué juntos si son países separados?
Así venden las guías a veces, Gordon.

Pull, Ralph.
There is the money
at the most distant point,
pull, or the nymph will break,
will drown, pull until
you feel a pain in your arm,
the water lily nymph, nothing nymph
nobodying me
no Ralph, not like that…
What are you talking about, Gordon?
What I say, Ralph,
what I repeat, Donna,
the money vanishes
not the habit of wanting it,
at night I have seen it dress itself in gold
and I have thrown its shine in its face:
you were brushed metal and look at you now:
saffron yellow, pineapple, tiger flower…
What the hell are you saying?
Shut up already, Gordon.
Wait, Donna, he's talking about the money
(Ralph whispers with a wink).
Of course, tiger, Gordon, brave, Gordon.
The money vanishes, you say, where?
Go on, Gordon…
It vanishes from the plain, man and bird,
lose water when the house cheats the forest
do you understand?
Yes, yes… Think, Gordon, the trip…
Did you read the guide to Spain and Portugal yet?
Why together if they are separate countries?
That is how they sell the guides sometimes, Gordon.
You also, Ralph, you meet up

También, Ralph, tú conmigo
te juntas en mi cabeza
donde me rayo con un lápiz,
te juntas, sacudiendo papeles
en la orilla de mí donde Anónimo
borra las huellas de cualquier mar.
El dinero está justo en ese borde
que se desvanece cuando me pintan
toro, toro, con la sangre en fuga,
tú y Donna muertos de risa,
¿no querrán que me vaya
sin contarles la historia
de cada moneda, cada billete?
¿Irte a dónde, Gordon?
A ninguna parte...
Adivinen dónde está eso.
Y Gordon muy despacio
se fue dejando caer al piso,
como un cuadrúpedo
a punto de quebrarse.

with me in my head
where I mark myself with a pencil,
you meet up, shaking papers
at the edge of me where Anonymous
erases the trace of whatever sea.
The money is just at that border
that scatters when they paint me
toro, toro, with blood escaping,
you and Donna dying with laughter,
you won't want me to go
without telling you the story
of each coin, each bill?
Go where, Gordon?
Nowhere…
Guess where that is.
And Gordon very slowly
let himself fall to the floor,
like a quadruped
about to shatter.

26

En la cama abre los ojos Gordon,
el izquierdo blanco ya sin piedra,
el derecho abrumado por la sombra
de una media luna en la ventana,

abre con la boca llena de aire viejo,
los puños metidos en su tela,
el corazón proscrito en una esquina,

abre con miedo la parte simple de su alma,
tantea por dentro, por fuera,
no hay nadie, no está Donna a su lado,
sólo una sábana fría sin cuerpo,

qué hago aquí y se recuerda
retorcido en el piso,
las caras de Ralph y Donna
mirándolo por encima,

se recuerda apretando la quijada
para que no escapara Anónimo:
no te vayas, le dijo, *espera*,
pero Anónimo ya se había ido,
mañana vuelvo, Gordon, dejó dicho,

mañana de cuándo, si mañana no existe,
siempre es hoy, se quejó Gordon,
ya de pie en la penumbra frágil de su cuarto.

26

Gordon opens his eyes in bed,
the left one white now without the stone,
the right one laden with the shadow
of a half-moon in the window,

opens with his mouth full of old air,
his fists tied snug in their cloth,
his outlaw heart in a corner,

he fearfully opens the simple part of his soul,
he probes inside and out,
there is no one, Donna isn't at his side,
just a cool sheet, bodiless,

what am I doing here and he remembers
himself twisted on the floor,
the faces of Ralph and Donna
looking down on him,

he remembers clenching his jaw
so Anonymous wouldn't escape:
don't go, he told him, *wait*,
but Anonymous had already gone,
tomorrow I'll return, Gordon, he said,

*tomorrow when, if tomorrow doesn't exist,
it's always today*, Gordon complained,
now standing in the fragile penumbra of his bedroom.

Debajo del árbol de mil hojas
el señor Gordon,
sentado contra el tronco,
las piernas dobladas,
y don Jaime en cuclillas
miran juntos la página del cuaderno
con la última alberca en medio:

fíjese bien, don Jaime,
parece un acueducto, un canal,
pero es un carril, uno solo… Interesante, ¿no?
Uyy, sí, señor Gordon.
¡Cuántas albercas tiene!
¡Cuántas formas distintas!

Gordon sonrió satisfecho,
miró el encaje de las ramas
apenas trazado entre la sombra
y el cielo opaco de las nubes.
Así había imaginado el encuentro
con Jaime: simple pero emotivo.

Aún me faltan algunas
no sé si albercas o formas de agua
para las albercas,
porque a veces sospecho que la forma
la inventa el agua…

27

Beneath the thousand-leaved tree
Mr. Gordon,
seated against its trunk,
legs folded,
and Mr. Jaime, squatting,
stare together at the page of the notebook
with the last pool on it:

pay attention, Mr. Jaime,
it resembles an aqueduct, a canal,
but it is a lane, just one... Interesting, right?
Wow, yes, Mr. Gordon.
So many pools!
So many different shapes!

Gordon smiled with satisfaction,
looked at the lacing of the branches
barely traced between the shade
and the sky opaque with clouds.
This is how he had imagined his encounter
with Jaime: simple but emotive.

I'm still missing some
I'm not sure if it's pools or shapes of water
for the pools,
because sometimes I suspect that the water
invents the shape...

Don Jaime se quitó la cachucha,
se alisó el pelo, se rascó una ceja,
detuvo la mirada en el cuaderno.

Pues sí… el agua… ¿Vio la alberca hoy?
Se puso oscura de repente…
Oiga, señor Gordon, en la mochila
traigo mi cuaderno de la ciudad.
¿Se lo enseño?
Claro, don Jaime…
Para eso vine, para compartir…
Usted y yo somos amigos…
Espéreme aquí entonces…
Ahora vuelvo…

Gordon vio la espalda de don Jaime
alejarse por la pequeña cuesta
hacia el cobertizo: ¿y si no regresaba?
Recargó la cabeza en el tronco,
pensó en los sentimientos,
por qué los suyos
eran nítidos en la mañana
y luego se iban mezclando,
enredando ya por la tarde como hilos
de un estambre fino y pegajoso,
los colores desvanecidos cuando antes
habían brillado en su frente,
un sentimiento azul y largo,
el de la bondad quizá,
se atoraba con otro amarillo,
lodo o miedo tejiendo una trenza
de dolor entre sus costillas,

Mr. Jaime took off his cap,
slicked back his hair, scratched an eyebrow,
held his gaze on the notebook.

Well yes… the water… Did you see the pool today?
It turned dark all of a sudden…
Listen, Mr. Gordon, in my backpack
I have my city notebook.
Should I show it to you?
Of course, Mr. Jaime…
That's why I came, to share…
You and I are friends…
Wait for me here then…
I'll be right back…

Gordon saw Mr. Jaime's outline
distance itself down the small incline
towards the shed: and if he didn't return?
He leaned his head against the trunk,
thought about feelings,
why did his start out
clear-cut in the morning
then mix themselves up,
tangled by the afternoon like the strings
of a fine and sticky stamen,
colours faded when before
they had shone on his face,
a long blue feeling,
benevolence maybe,
was choked up with a yellow one,
mud or fear weaving a braid
of pain between his ribs,

la culpa roja, el odio morado,
la tristeza negra y blanca,
intercambiable según la hora,
según el anzuelo, la dádiva,
el recado: "ya me fui, mañana vuelvo".

¿Quién vive en mi cara?
Yo soy azul, soy bueno, soy justo,
se dijo Gordon,
con los hilos bajo el alma apretándolo
como un sudario de colores dispares,
nadie me quiere de veras…
y le cerró los ojos a la luz:
¡tú no entras!, le ordenó
mientras arrancaba manojos de pasto.

Señor Gordon, señor, ya estoy aquí…
Y acomodándose en la tierra
don Jaime sacó el cuaderno de su mochila.

red guilt, purple hate,
sadness black and white,
interchangeable according to the hour,
according to the lure, the gift,
the message: "I've left, I'll return tomorrow."

Who lives on my face?
I am blue, I am good, I am just,
Gordon told himself,
with the strings beneath his soul pressing it
like a shroud of disparate colours,
no one really loves me…
and he closed his eyes to the light:
you shall not enter! he ordered it
while he yanked out fistfuls of grass.

Mr. Gordon, sir, I'm here…
And settling himself on the ground
Mr. Jaime pulled the notebook out of his backpack.

Un enjambre de huevos sobresale
de la gruesa franja de carbón
difuminada en la primera página:

¿qué es eso, don Jaime?

El horizonte en mi ciudad al amanecer
o en mi cabeza cuando la recuerdo…

¿Y los huevos, don Jaime?

Ah, yo los puse ahí, señor Gordon.
Diez años, no, diez años, dos horas,
tres minutos, un segundo,
estuve observando mi barrio desde la ventana,
tomando notas desde mi tercer piso,
sin empleo yo, sólo a veces plomero,
electricista, carpintero ocasional,
sin casi nada que hacer
yo construía en mi cuaderno:
así era el cielo, de ese color el humo,
así la niebla, así la vida
invisible del aire…

Qué inspirado, don Jaime… ¿en dónde?

México, ¿no sabía, señor Gordon?
Soy de allá abajo, de la capital…

No, no sabía…

28

A swarm of eggs emerges
from the thick strip of charcoal
smudged across the first page:

what is that, Mr. Jaime?

The horizon in my city at dawn
or in my head when I remember it…

And the eggs, Mr. Jaime?

Oh, I put them there, Mr. Gordon.
Ten years, no, ten years, two hours,
three minutes, one second,
I was observing my neighborhood from the window,
taking notes from my third floor,
unemployed, only a plumber sometimes,
electrician, occasional carpenter,
with hardly anything to do
I built things in my notebook:
this is how the sky was, the smoke that color,
the fog like that, life like that
invisible from the air…

How inspired, Mr. Jaime… Where?

Mexico, you didn't know, Mr. Gordon?
I'm from down there, from the capital…

No, I didn't know…

¿Conoce?

No... yo no he ido a ninguna parte,
sólo a Newport Beach un día para ver el mar;
¿hay mar en la ciudad de México?

Cerca, en Acapulco...

Ah sí, he oído esa palabra de Acapulco...

En la siguiente página
los enjambres de huevos son torres altas;
la franja negra ya está detrás,
gris y mística, piensa Gordon,
abajo se amontonan
calles y edificios subterráneos:
Ésa es la ciudad vieja
ésa es mi ventana,
ése soy yo:
míreme bien, señor Gordon,
¿ya vio?
...

Ahí estoy dibujando la ciudad
nueva de óvalos perfectos...

Hay figuras de palo dentro de cada huevo.

¿Son personas?

Sí, personas viviendo en los óvalos
forrados de hule espuma;
no habrá muebles, señor Gordon,

Have you been?

No… I haven't been anywhere,
only to Newport Beach one day to see the sea;
is there sea in the city of Mexico?

Nearby, in Acapulco…

Oh yes, I have heard that word Acapulco…

On the next page
the swarms of eggs are tall towers;
the black smudge is behind them now,
grey and mystical, thinks Gordon,
below streets subterranean
buildings accumulate:
that's the old city,
that's my window,
that's me:
look at me closely, Mr. Gordon,
you see?
…

There I am drawing the new
city of perfect ovals…

There are stick figures inside each egg.

Are those people?

Yes, people living in the ovals
upholstered in rubber foam;
there won't be furniture Mr. Gordon,

ni estufas ni agua ni mascotas ni plantas,
apenas la ropa necesaria
y luz, eso sí, luz para todos…

¿Albercas?

No, señor Gordon, ya no se va
a poder, ni pasto, le digo…
Vivir muy limpiamente,
cada hora, cada minuto, cada segundo,
la conciencia limpia y transparente
y el cuerpo seco calcando la conciencia,
sin tiempos muertos,
así lo imagino yo…

¿Y luego?

En la tercera página hay figuras de palo
tiradas junto a patines del diablo y bicicletas
bajo la sombra de los huevos:

¿Y eso?

Cadáveres, señor Gordon.
Tiene que haberlos.

Cierra los ojos Gordon:
ya viene Anónimo,
ya se oye su canturreo.

…¿Por qué está aquí, don Jaime?
Vine de paso por un primo,
mi primo Juan de los cien demonios,

nor stoves nor water nor pets nor plants,
just the necessary clothing
and light, yes, light for all…

Pools?

No, Mr. Gordon, it will no longer
be possible, nor grass, I tell you…
To live very cleanly,
each hour, each minute, each second,
conscience clean and transparent
and the body dry, copying the conscience,
without dead time,
that's how I imagine it…

and then?

On the third page there are stick figures
piled next to scooters and bicycles
beneath the shadow of the eggs:

And that?

Corpses, Mr. Gordon.
They must exist.

Gordon closes his eyes:
Anonymous is on his way,
his humming already audible.

…Why are you here, Mr. Jaime?
I came to visit a cousin,
my cousin Juan with his hundred demons,

Juan el loco, el desdichado...
¿Dónde está ahora?

¿Juan? Bajo tierra, señor Gordon...
Y yo aquí, cuidando jardines ajenos.
Pienso en las noches:
si algo se muere es mi culpa.
¿tiene hijos, señor Gordon?

No pudimos o eso me dijo Donna.

Nada que se le muera entonces.

Sólo nietos de vecinos, don Jaime...

(Anónimo llega.
Estoy picoteado,
le dice a Gordon,
por los gorriones del desierto.
¿De dónde vienes?
Del desierto. ¿Qué haces, Gordon,
sentado ahí con ese hombre?
Viendo una ciudad, Anónimo.
Dile que se vaya, Gordon,
dile que estás cansado.)

Gordon voltea hacia don Jaime
con la boca abierta por Anónimo:
¿grito o canto?
Canta.

Juan the madman, the poor wretch...
Where is he now?

Juan? In the earth, Mr. Gordon...
And here I am, tending other people's gardens.
I think at night:
if something dies it's my fault.
Do you have children, Mr. Gordon?

We couldn't or that's what Donna told me.

Nothing to die on you then.

Only the neighbours' grandchildren, Mr. Jaime...

(Anonymous arrives.
I am pecked,
he tells Gordon,
by the desert's sparrows.
Where are you coming from?
From the desert. What are you doing, Gordon,
seated there with this man?
Looking at a city, Anonymous.
Tell him to go away, Gordon,
tell him that you're tired.)

Gordon turns back towards Mr. Jaime
with his mouth opened by Anonymous:
yell or sing?
Sing.

Terrazas llenas del color de las estrellas,
Gordon,
terrazas tan blancas a veces, me dije, que el blanco
mismo era postizo junto a la superficie pálida,
Gordon,
terrazas injustas con la luz y resentidas con la piedra,
Gordon,
terrazas donde la lluvia procedía en alternancia con el viento,
Gordon,
terrazas sin pasos, en silencio bajo el cielo mitad azul mitad natural,
Gordon,
terrazas y desierto, te digo, lástima de los pájaros en mis ojos, picando cuencos,
Gordon,
ceguera de día, destellos en la noche cuando un rayo rajaba la arena,
Gordon,
¿qué haces? ¿por qué te lastimas así?

Veía Gordon a don Jaime alejándose por la cuesta en el pasto,
con la mochila abierta, el cuaderno bajo el brazo,
culpa, más culpa, mi culpa,
y se golpeaba la frente Gordon,
¿por qué llegaste, Anónimo?
Era mi amigo, mi único amigo don Jaime.
¿Ahora qué va a pasar?

Cállate, Gordon, escúchame:
no importa el señor de los jardines,
tú y yo vamos a otra parte.
Antes quiero leerte algo,
te escribí una carta en las terrazas

29

Terraces filled with the color of stars,
Gordon,
terraces so white sometimes, I told myself, that white
itself was false compared to the pallid surface,
Gordon,
terraces unjust with light and resentful of stone,
Gordon,
terraces without steps, in silence beneath the sky half blue half natural,
Gordon,
terraces and desert, I tell you, a pity that birds covered my eyes, picking at today,
Gordon,
blindness by day, sparkling at night when a bolt of lightning split the sand,
Gordon,
what are you doing? Why are you hurting yourself like this?

Gordon saw Mr. Jaime heading off down the incline of
the grass,
with his backpack open, the notebook beneath his arm,
fault, more fault, my fault,
and Gordon beat his face,
why did you show up, Anonymous?
He was my friend, my only friend Mr. Jaime.
Now what will happen?

Shut up, Gordon, listen to me:
the gardener doesn't matter,
you and I are going somewhere else.
First I want to read you something,
I wrote you a letter on the terraces
looking at the desert

mirando el desierto
con los pájaros entre ceja y ceja.
Aquí viene todo, Gordon:
lo que pienso de veras,
quién soy de veras,
quién eres de veras.
Escucha, Gordon.

his eyes on the birds.
Here comes everything, Gordon:
what I truly think,
who I truly am,
who you truly are.
Listen, Gordon.

(Bajo el árbol de mil hojas el señor Gordon
aprieta los dientes,
aprieta los puños,
aprieta los párpados,
aprieta las piernas,
tuerce el ruido que hace Anónimo
en su oreja como una liga
estirada hasta romperse.

Aún no sabe si quiere saber
lo que se piensa de veras,
no sabe si ya es hora,
no sabe si habrá tiempo
después de saberlo.
Eso era esto, le dirán,
tú eres así, le explicarán,
yo siento que tú sientes que él siente,
le propondrán,
tú no eres quien crees, le aclararán,
y al final las sentencias:
ya no hay amor, Gordon,
no vales la pena, Gordon,
eres aburrido, Gordon,
eres tonto, lento, cuerpo cerdo,
húmedo ángel de la mugre, Gordon.
Para qué.
A veces, cuando el silencio
entre ambos pesaba tanto
que los sumergía en un espacio

30

(Beneath the thousand-leaved tree Mr. Gordon
clenches his teeth,
clenches his fists,
clenches his eyelids,
clenches his legs,
twists the noise Anonymous makes
in his ear like a rubber band
stretched until it snaps.

He still doesn't know if he wants to know
what is truly thought,
doesn't know if it's the time yet,
doesn't know if there will be time
after knowing it.
That was this, they will tell him,
you are this way, they will explain to him,
I feel that you feel that he feels,
they will propose to him,
you aren't who you think, they will clarify for him,
and at the end the sentences:
there's no more love, Gordon,
you're not worth it, Gordon,
you're boring, Gordon,
you're dumb, slow, pig body,
damp angel of grime, Gordon.
What for.
Sometimes, when the silence
between them both weighed so much
that it submerged them in a

compartido, incómodo,
Gordon le preguntaba a Donna:
¿qué piensas de mí de veras?
y ella se burlaba:
ay, Gordon, qué preguntas,
y de nuevo subía el silencio
como agua negra por una coladera.

El señor Gordon había notado
que en el mundo, al menos
el de Fullerton, California,
había dos tipos de personas:
las que preguntaban qué piensas de mí,
me quieres aún, etcétera,
casi desde la infancia,
y las que no lo hacían nunca.
Gordon era del primer tipo,
pero siempre estaba
con personas del segundo tipo
que no le respondían.
El dolor por su silencio era agudo,
la sorna poderosa, la soberbia
impulsiva por prestada y pasajera.
Las personas como Gordon se achicaban
para que las otras se hicieran grandes.
O algo así creía Gordon
bajo el árbol de mil hojas
con Anónimo encajado
en su cabeza, en su oído,
a punto de revelarle toda la verdad.)

shared, uncomfortable space,
Gordon asked Donna:
what do you truly think of me?
and she scoffed:
oh, Gordon, what are you asking,
and the silence rose again
like black water from a drain.

Mr. Gordon had noted
that in the world, at least
that of Fullerton, California,
there were two types of people:
those that asked what do you think of me,
do you still love me, et cetera,
almost from childhood,
and those that never did.
Gordon was the first type,
but was always
with people of the second type
who didn't respond to him.
The pain of their silence was acute,
the powerful sarcasm, the impulsive
pride, borrowed and fickle.
The people like Gordon were made small
so that the others could be made big.
Or something like that, thought Gordon
beneath the thousand-leaved tree
with Anonymous boxed
in his head, in his ear,
about to reveal all the truth to him.)

(a)
Querido Diario:
hoy vino Anónimo con noticias
me dijo en secreto: debemos irnos
¿a dónde?, le pregunté
te informo luego, me contestó,
ahora sólo quiero descansar

(Donna se quedó arriba
durmiendo
nunca fui a buscarla)

debo quemar el dinero
lo más pronto posible
debo esconder los cuadernos
en el jardín bajo el árbol
o junto a la alberca en la noche
debo estar alerta
ya nadie me cree
ni don Jaime
no me atrevo a andar por el pasto
hoy hojeé la guía de España y Portugal
sé que Ralph quiere ir a España
(yo no)
además de jugar a los toros
Ralph canta una canción que empieza:
"Madrid, Madrid, Madrid…"
¿por qué sabe esas cosas y yo nada?
me iré a Portugal: Anónimo y yo
encaramados en mi cabeza

31

(a)
Dear Diary:
today Anonymous came with news
he told me in secret: we should go
where? I asked him
I'll tell you later, he answered me,
now I just want to rest

(Donna stayed upstairs
sleeping
I never went to find her)

I must burn the money
as soon as possible
I must hide my notebooks
in the yard beneath the tree
or next to the pool at night
I must be alert
no one believes me any more
not even Mr. Jaime
I don't dare to walk on the grass
today I leafed through the guide to Spain and Portugal
I know that Ralph wants to go to Spain
(not me)
in addition to imitating a bullfighter
Ralph sings a song that begins:
"Madrid, Madrid, Madrid…"
why does he know those things and I nothing?
I will go to Portugal: Anonymous and I
huddled in my head

cantando nuestra propia canción:
"tú y yo y yo y tú"

hoy siento algo cerca de las costillas
¿y si es Anónimo dando vueltas
en un sueño distinto donde
no estoy y él me recuerda?

me dijo Anónimo que en el desierto
escribió una carta para mí y que los pájaros
le golpeaban los ojos con sus picos

antes, querido diario, mi vida
no era complicada:
yo, el señor Gordon Smith,
de Fullerton, California,
salía de mi casa todas las mañanas
con un portafolios lleno de papeles y números
Donna se despedía con un beso al aire
y en la noche cenábamos en silencio

era otra época
no había Anónimo ni cuadernos
al 1 lo seguía el 2 al 1423 el 1424
al lunes el martes al día la noche
yo hacía chistes y Donna se reía
Ralph llegaba los sábados en la tarde
jugábamos bridge o póquer
me subía a dormir
ellos se quedaban para platicar
(eso me decían)
pero una vez muy tarde bajé por agua
los vi muy pegados bailando

singing our own song:
"you and me and me and you"

today I feel something near my ribs
and if it is Anonymous spinning
in a distinct dream where
I no longer am and he remembers me?

Anonymous told me that in the desert
he wrote a letter for me and that the birds
beat his eyes with their beaks

before, dear diary, my life
was not complicated:
I, Mr. Gordon Smith,
from Fullerton, California,
left my house every morning
with a briefcase full of papers and numbers
Donna said goodbye by blowing a kiss
and at night we ate dinner in silence

that was another age
there was no Anonymous, no notebooks
1 was followed by 2 1423 by 1424
Monday by Tuesday day by night
I made jokes and Donna laughed
Ralph arrived on Saturdays in the afternoon
we played bridge or poker
I went up to sleep
they stayed to talk
(that's what they told me)
but one time very late I went down for water
I saw them dancing very closely

ay, Gordon, no te oímos
sonriendo los dos y me subí nervioso
con el corazón más pequeño

ahora tengo miedo
mañana no sé
adentro y afuera son iguales
tú y yo, Anónimo, seremos célebres
de eso estoy seguro

(b)
en la guía leo
que Portugal se llamaba Felicitas Julia,
que la capital, Lisboa,
está en las colinas al norte del río Tajo,
que ahí tembló en 1356 y otra vez en 1755,
que hay calles muy largas
con nombres líquidos o nombres terrosos
(para mí, Gordon)
como rúa da Prata, rúa Aurea, rúa Augusta

también dice la guía:
"el Tajo tiene grandes naves,
el Tajo baja de España
y entra en el mar de Portugal,
eso lo sabe toda la gente"

yo no, pero oye, Anónimo,
¿lo sabes tú?

"por el Tajo se va hacia el mundo
más allá del Tajo está América"

oh, Gordon, we didn't hear you
smiling both and I went back up nervous
my heart smaller

now I am afraid
tomorrow I don't know
inside and outside are the same
you and me, Anonymous, will be famous
I am sure of that

(b)
in the guide I read
that Portugal was called Felicitas Julia,
that the capital, Lisbon,
is on the hills North of the Tajo River,
that there were earthquakes in 1356 and again in 1755,
that there are very long streets
with liquid names or earthy names
(to me, Gordon)
like Rua da Prata, Rua Aurea, Rua Augusta

the guide also says:
"the Tajo has large ships,
the Tajo comes down from Spain
and enters the sea of Portugal,
everyone knows that"

not me, but listen, Anonymous,
do you know it?

"down the Tajo you head towards the world
beyond the Tajo is America"

¡América! Ahí estamos nosotros.
¡Anónimo! ¿Ya regresaste?
Sí, sí, Gordon...
¿Descansaste?
Como gato perfecto, Gordon,
estirado en tus costillas,
cerca de tu corazón,
el lugar más tibio de tu cuerpo.
¿Eres mi amigo, Anónimo?
Soy amigo de todos, Gordon.
Pero más mío, ¿verdad?
Contigo vivo adentro
o afuera, según el día.
¿Y dónde vamos, Anónimo?
A visitar una fuente,
llevarle un vaso de agua a la fuente
y morirnos de sed o de risa.
¿Qué fuente?
La primera.
¿Está cerca del Tajo?
Muy y nada. Ya verás, Gordon.

America! We are there.
Anonymous! Are you back yet?
Yes, yes, Gordon...
Did you rest?
Like a perfect cat, Gordon,
stretched out on your ribs,
near your heart,
the warmest part of your body.
Are you my friend, Anonymous?
I am everyone's friend, Gordon.
But mine most, right?
With you I live inside
or outside, depending on the day.
And where are we going, Anonymous?
To visit a fountain,
to take a glass of water to the fountain
and die of thirst or laughter.
Which fountain?
The first one.
Is it close to the Tajo?
Very and not at all. You'll see, Gordon.

Del misterio de las cosas Gordon no sabe nada.
Le pregunta Anónimo si cree en Dios
y Gordon responde que parece que sí
pero no a la luz del sol sino sólo
en medio de la noche,
cuando apaga su lámpara y escucha.
Le pregunta Anónimo
qué escucha y Gordon duda,
dice que su sangre quizá.

Entonces Anónimo lee en voz alta su carta.

"Querido Gordon:
Soñando que soñaba un jardín
o una fuente o a una persona,
soñando que soñaba un principio,
la fogata entre las letras iniciales
o el humo de una huella traspasada
por ceniza y grava en un monte
visto desde lejos o imaginado
en la palabra paisaje,
en la palabra ascenso,
soñando que soñaba
la vida misma en un capullo,
eso que llaman esencia los anticuados
que vienen a pedir su parte,
soñando que soñaba,
Gordon, bajo tu sombra, me dije,
ya es hora, Anónimo, de dispersar
la cabeza, despejar la mente de una vez

32

Gordon knows nothing about the mystery of things.
Anonymous asks him if he believes in God
and Gordon responds that it seems like he does
but not by the light of the sun only
in the middle of the night,
when he turns out his lamp and listens.
Anonymous asks him
what he hears and Gordon doubts,
says maybe his blood.

Then Anonymous reads his letter aloud:

"Dear Gordon:
Dreaming that I dreamed of a garden
or a fountain or a person,
dreaming that I dreamed a beginning,
the blaze between the initial letters
or the smoke of a footprint trespassed
by ash and gravel on a mountain
seen from far away or imagined
in the word landscape,
in the word ascent,
dreaming that I dreamed
life itself in a cocoon,
that which the old-fashioned who come
to claim their part call essence,
dreaming that I dreamed,
Gordon, beneath your shadow, I said to myself,
it's time, Anonymous, to disperse
his head, disperse his mind once and for all

y susurrarle al oído a este hombre:
tal siento y tal escribo,
mírame bien y cuenta los días
hasta hoy:

Gordon, eres mío.
Mueres y eres mío.
El cuerpo es lo de menos:
¡habrá comercio en las rúas!
a cambio de un testigo
que lo cuente todo: yo vi caer
a ese anciano en los adoquines,
lo vi morir y vi a su esposa
llorar o gemir, ya no recuerdo,
y la esposa y otro viejo se tomaron de la mano
y yo intervine para siempre..."

¿Qué rúa eliges, Gordon?
¿Prata, Aurea, Augusta?

and whisper into this man's ear:
this is how I feel and how I write,
look at me closely and count the days
until today:

Gordon, you are mine.
You die and you are mine.
Your body is the least of it:
the streets will bustle!
in exchange for a witness
that recounts it all: I saw that old man
fall on the cobblestones,
I saw him die and I saw his wife
cry or howl, I no longer remember,
and his wife and another old man took each other by the hand
and I butted in forever…"

Which Rua do you pick, Gordon?
Prata, Aurea, Augusta?

¿Es todo? ¿Ahí termina?
¿Y lo qué piensas de mí, quién eres de veras?
¿Yo, Gordon, tú, Gordon? ¿O quién?
Óyelo bien.
da Prata, Aurea, Augusta,
tú, Donna, Ralph,
por las calles de Portugal.
¡Qué alegría, qué dicha!
Juntos por fin los tres…
Basta ya y sigue leyendo,
Anónimo, como si yo,
gota, gota, gota, gotita,
no estuviera aquí.

Viene un silencio largo en mi carta,
la hoja en blanco,
cerremos los ojos tres minutos…

¿Listo, mi Gordon?
Ahora viene el suspenso…

"gordon era un señor que vivía en una callecita,
dentro de una casita, con una vidita y una mujercita

gordon era un señor muy triste que no sabía nada,
contando números iba y venía por su vidita y en su casita

gordon era un señor viejito en un cochecito con su cabecita
bamboleando y llena de palabritas sobre su mujercita

33

That's it? That's how it ends?
And what you think about me, who you truly are?
Me, Gordon, you, Gordon? Or who?
Listen well.
da Prata, Aurea, Augusta,
you, Donna, Ralph
on the streets of Portugal.
What joy, what luck!
Together at last the three of you…
Cut that out and keep reading,
Anonymous, as if I,
drop, drop, drop, droplet,
weren't here.

A long silence is coming up in my letter,
the sheet blank,
we'll close our eyes for three minutes…

Ready, my Gordon?
Now comes the suspense…

"gordon was a man who lived on a little street,
inside a little house, with a little life and a little wife

gordon was a very sad man who didn't know anything,
he went out counting numbers and came back to his little life in his
little house

gordon was a little old man in a little car with his little head
wobbling and full of little words about his little wife

donna, donna, le decía por dentro, no te burles de mi vidita,
un centavito por tu sonrisita, donna, por un besito en mi carita

ay, gordon, animal, animalito,
mucho llanto vas a ir llorando,

y la corneja a tu diestra se ira cebando
siniestra en mi palomar,

ay, gordon, animal, animalito,
de la mi boca te digo y a ojo me paro:

ahora que el seso ya no es natural
y nadie nos abre su casa,

tu día es mi día es el día tuyo
tan último a mi lado con el mío."

¿De qué hablas, Anónimo?
¿Quién eres?
No es nada, Gordon…
Ya ordené la historia.
Oye y dime si te gusta:

donna, donna, he told her inside, don't laugh at my little life,
a little penny for your little smile, donna, for a little kiss on my little
face

oh, gordon, beast, little beast,
you're going to cry so many cries,

and the crow at your right hand will fatten
his left in my dovecot,

oh, gordon, beast, little beast,
from my mouth I tell you and I stand at eye level:

now that your sense is gone
and no one opens their house to us,

your day is my day is your day
at my side until the end like my own."

What are you talking about, Anonymous?
Who are you?
It's nothing, Gordon…
I already ordered the story.
Listen and tell me if you like it:

34

Se despertó a las cinco de la mañana el señor
Gordon con palpitaciones,
la cara húmeda de sudor.
Su primera sensación al abrir los ojos en aquel
cuarto ajeno
fue la de una rapaz amnesia, luego su persona
de siempre lo arropó
como una capa suave y cálida.
Tan intenso fue el alivio que le dio las gracias
a ese Dios
que por lo general desdeñaba en aras de su propia
independencia.
A su lado dormía Donna, roncando a pierna suelta.
Estiró la mano y le palpó un hombro.
Donna dejó de roncar uno o dos segundos, tiempo
suficiente
para que él sintiera un inusual arrebato de ternura.
Poco a poco fue reconstruyendo su circunstancia.
No sólo era el señor Gordon Smith sino que estaba
de vacaciones en Lisboa,
acompañado de su esposa
y su gran amigo, Ralph.

Habían llegado tres días antes, exhaustos por el
largo viaje
desde Fullerton, California.
La primera noche no hicieron nada;
la segunda estuvieron sentados en el lobby del hotel
comiendo cacahuates mientras decidían si atreverse
a salir

34

Mr. Gordon woke up at five in the morning
with palpitations,
his face damp with sweat.
His first sensation upon opening his eyes in that
foreign room
was of a greedy amnesia, later the same person
as always clothed him
like a warm and soft cloak.
The relief was so intense that he gave thanks
to that God
that he generally disdained at altars of his own
independence.
Donna slept at his side, snoring uncontrollably.
He stretched out his hand and touched her shoulder.
Donna quit snoring one or two seconds, enough
time
for him to feel an unusual surge of tenderness.
Little by little he reconstructed his circumstances.
Not only was he Mr. Gordon Smith, he was
on vacation in Lisbon,
accompanied by his wife
and his great friend, Ralph.

They had arrived three days earlier, exhausted by the
long trip
from Fullerton, California.
The first night they didn't do anything;
the second they were seated in the hotel lobby
eating peanuts while they decided if they ventured
out

hasta que se hizo demasiado tarde y Donna se quedó
dormida
en el sillón roncando como una foca vieja;
la tercera por fin salieron a pasear
alrededor del hotel
y acabaron cenando en algo más parecido a una
lonchería
que a un restaurante.
Ralph y el señor Gordon bebieron el típico vino
verde
hasta borrar toda huella de coherencia.
Donna guardó silencio
mientras los observaba adentrarse con torpeza
en los territorios
de su nostalgia compartida. Las zonas de olvido ya
eran considerables.
A Ralph la gradual pérdida de memoria le causaba
gracia,
lo hacía sentirse más ligero, según él: quién quiere
recuerdos
si suelen ser malos o sólo mediocres.
Al señor Gordon, en cambio, lo irritaba esa forma
de ceguera retrospectiva, y en el restaurante
miró a Donna
con dureza, como si ella hubiera sido la responsable.
Ya de vuelta en el hotel discutieron;
él le echó en cara su silencio, su pasividad.
Ella se encerró en el baño llorando y él golpeó
la puerta
con el puño varias veces:
—Anda, sal, no te pongas a llorar como siempre.
Cuando salió Donna la empujó hacia la cama,
le arrancó la ropa, le pellizcó la panza y las nalgas,

until it got too late and Donna fell
asleep
in the chair snoring like an old seal;
the third they finally went out to walk
around the hotel
and finished eating dinner in something that more resembled a
cafeteria
than a restaurant.
Ralph and Mr. Gordon drank the local green
wine
until any trace of coherence was erased.
Donna kept silent
while she observed them torpidly enter
the territories
of their shared nostalgia. The zones of forgetfulness were
already considerable.
Ralph found his gradual memory loss
humorous,
it made him feel lighter, according to him: who wants
memories
if they're usually bad or just mediocre.
Mr. Gordon, in contrast, found this form
of retrospective blindness irritating, and in the restaurant
looked at Donna
with hardness, as if she had been the one responsible.
Back at the hotel they argued;
he threw her silence in her face, her passivity.
She locked herself in the bathroom crying and he hit
the door
with his fist several times:
—Come on, come out, don't start crying like always.
When Donna came out he pushed her towards the bed,
he ripped off her clothes, he pinched her belly and her butt,

le mordió los pezones como un coyote,
le lamió la cara, el cuello,
le metió el dedo entre las piernas hasta dentro
y ella sollozaba, rogaba:
—Déjame, Gordon, suéltame, Gordon…
Pero él sólo se reía y seguía hurgando con el dedo.

Se durmieron ya muy tarde y al día siguiente
no se dirigieron la palabra durante el desayuno.
En la calle, frente al hotel, mientras esperaban
a Ralph,
el señor Gordon
le agarró la mano a Donna y le dio un beso veloz.
Ella se lo agradeció
con una sonrisa.

¿Te gusta?
No me gusto yo… ¿Por qué me retratas así?
¿Soy yo el malo en esta historia?
Es tu penúltimo y tu último día,
Gordon, debes ser culpable
para que tu muerte sirva de algo…
¿Ya escogiste la calle?
No…
Augusta, entonces, mi Gordon…
¿Y el dinero?
Ya no va a hacer falta, Gordon.
¿Dónde lo puse?
Está donde siempre.
¿Dónde?
¿Bajo el árbol o en la alberca?
Responde tú, Gordon.
Nunca. Mejor sigue.

he bit her nipples like a coyote,
he licked her face, her neck,
he put his finger between her legs until it was inside
and she sobbed, she begged:
"Leave me alone, Gordon, let go of me, Gordon…"
But he just laughed and kept poking around with his finger.

They went to bed very late and the next day
they didn't say a word at breakfast.
On the street, in front of the hotel, while they waited
for Ralph,
Mr. Gordon
grabbed Donna's hand and gave it a quick kiss.
She appreciated it
with a smile.

You like it?
I don't like myself… Why do you portray me like that?
Am I the bad guy in this story?
It is your penultimate and last day,
Gordon, you must be guilty
so that your death serves for something…
Did you pick the street yet?
No…
Augusta, then, my Gordon…
And the money?
It won't be needed anymore, Gordon.
Where did I put it?
It's where it's always been.
Where?
Beneath the tree or in the pool?
Answer yourself, Gordon.
Never. Better to just go on.

Ralph apareció jovial y cantarín. Besó la mano
de Donna.
Gordón lo examinó con cuidado: se había mojado los labios antes de
ponerlos
en la piel de Donna.
Ella se sonrojó y agachó la cabeza…

Hay algo que no entiendo, Anónimo:
¿es mi penúltimo y último día allá o aquí?
Ya estamos en el último, Gordon,
anoche fue el penúltimo.
¿Hoy es el último?
Sí… pero déjame terminar.

Caminaron por una avenida arbolada. Iban
siguiendo la ruta
de la *Guía del viajero: España y Portugal*
que Ralph cargaba bajo el brazo.
A Gordon le dolían las rodillas y la cabeza.
Su recuerdo de la noche anterior
era escaso;
apenas fragmentos de la conversación durante
la cena en que Ralph
y él se arrebataban la palabra para contar alguna
cosa que los dos ya sabían;
la pelea con Donna en el cuarto, los golpes en
la puerta, las mordidas,
el sueño pesado
como una piedra negra y roja.
Gordon extrañaba su casa, su jardín, su visión
de la alberca.
La avenida era hermosa, y eso lo cansaba aún más.
No quería mirar,

Ralph appeared jovial, singing happily. He kissed Donna's
hand.
Gordon examined him carefully: he had wet
his lips before placing them
on Donna's skin.
She blushed and lowered her head…

There's something I don't understand, Anonymous:
is it my penultimate or last day there or here?
We are on the last one now, Gordon,
last night was the penultimate.
Today is the last one?
Yes… but let me finish.

They walked down a tree-covered avenue. They were
following the route
from the *Travel Guide: Spain and Portugal*
that Ralph carried beneath his arm.
Gordon's knees and head hurt.
His memory of the night before
was scarce;
just fragments of the conversation during
dinner at which Ralph
and he had snatched at each other's words to tell
some story they both already knew;
the fight with Donna in the room, the blows on
the door, the bites,
the heavy dream
like a black and red stone.
Gordon missed his home, his garden, his vision
of the pool.
The avenue was beautiful, and that tired him even more.
He didn't want to look,

aunque Ralph insistiera a su lado:

— Mira, Gordon, qué edificios tan ilustres, qué
antigüedad ilumina estas paredes, cuánta historia
en este país… Hay que aprender de esta gente.

Perora y perora. Donna lo escucha con admiración.

— Sí, Ralph, es cierto. Cuánta cultura.

A Gordon lo asusta la cultura. Alguna vez leyó
una breve historia
de Roma, pero le costó trabajo creer que todo eso
había sido cierto.

Abandonó el libro y se dedicó a observar
por la ventana.

Ahora iban por una avenida vieja él y Donna
y Ralph.

A Gordon le apretaban
los zapatos.

— Al fondo está el mar, Gordon.

— ¿Al fondo de qué?

— De la plaza. Pero no es mar, es el Tajo.

— ¡El Tajo!

Gordon sintió que esto ya le había pasado antes.

— ¿Vengo de otra vida? —preguntó.

— ¿Qué dices, Gordon?

— Nada, nada… Quiero ver el Tajo. ¿Dónde?

— Después de estas calles: rúa da Prata, rúa Aurea y
rúa Augusta.

¿Por cuál bajamos?

— ¡Obvio! Por Augusta…

Y bajaron.

Ralph se detuvo a media cuadra, abrió la guía y leyó en voz alta:

although Ralph insisted at his side:
"Look, Gordon, what distinguished buildings, what
antiquity illuminates these walls, so much history
in this country… We must learn from these people."
He speechifies and speechifies. Donna listens to him with admiration.
"Yes, Ralph, that's right. So much culture."
Culture scares Gordon. Once he read
a short history
about Rome, but he had a hard time believing that all that
had been true.
He abandoned the book and instead looked
out of the window.

Now they were going down another old avenue he and Donna
and Ralph.
Gordon's shoes
pinched him.
"The sea is at the end, Gordon."
"At the end of what?"
"Of the plaza. But it's not the sea, it's the Tajo."
"The Tajo!"
Gordon felt like this had already happened to him before.
"Am I here from another life?" —he asked.
"What are you saying, Gordon?"
"Nothing, nothing… I want to see the Tajo. Where?"
"After these streets: Rua da Prata, Rua Aurea, and
Rua Augusta.
Which one should we go down?"
"It's obvious! Down Augusta…"
And they went down it.

Ralph stopped halfway down the block, opened the guidebook and
read aloud:

"La rúa Augusta se halla en uno de los barrios más
activos de Lisboa;
es una calle peatonal y tiene muchas tiendas
y vendedores de castañas
y de flores y cafés con terrazas y artistas muy
bohemios
que tocan la armónica…
Hay de todo en esta rúa: sólo basta con pedirlo…"

E-yá, e-yá, el pasado dentro del presente
y el futuro en nuestras manos, Gordon,
¿dónde lo pondremos?
E-yá, viene lo mejor…

Iban hacia el Tajo en fila india.
A sus espaldas los comerciantes se batían con el sol
por un espacio libre
en los adoquines.
Gordon miraba el suelo y pensaba: ¿por qué estoy
aquí?
El sudor se le había adherido a la piel como una
máscara;
algo en su ojo, el izquierdo, comenzó a temblar.
Donna seguía justo detrás de Ralph
y Ralph alzaba su sombrero
en el aire hirviente para no perderse de vista:
— ¡Al Tajo, al Tajo! — gritaba haciéndose el chistoso
y Donna se reía.
Uno es muchos, pensó Gordon,
y yo ya no soy de ellos.
Se le dobló una rodilla, luego la otra como vidrio
se quebró
bajo el peso de su cuerpo.

"Rua Augusta is located in one of the most active
neighborhoods of Lisbon;
it is a pedestrian street and has many stores
and hazelnut and flower sellers
and cafes with terraces and very bohemian
artists
that play the harmonica…
You can find everything on this Rua: all you have to do is ask…"

Eeya, eeya, the past inside the present
and the future in our hands, Gordon,
where will we put it?
Eeya, the best is coming…

They were headed towards the Tajo in single file.
At their backs the salespeople fought against the sun
for a free space
on the cobblestones.
Gordon looked at the ground and thought: why am I
here?
Sweat had adhered to his skin like a
mask:
something in his eye, the left one, began to tremble.
Donna followed just behind Ralph
and Ralph lifted his hat
in the seething air so they wouldn't lose him:
"To the Tajo, to the Tajo!" he shouted, being funny,
and Donna laughed.
One is many, thought Gordon,
and I am no longer theirs.
One of his knees bent, then the other like glass,
broke
beneath the weight of his body.

Voy cayendo, se dijo Gordon, *voy muriendo*…
Vio una figura en la banqueta que aplaudía:
No seas tonto, Anónimo. No te burles,
recuerda que soy clásico a mi manera,
dijo Gordon con la baba y la sangre
mezcladas en sus labios;
la figura le hizo una seña y siguió aplaudiendo.
Alguien tomó una foto.
¿Y el vaso de agua, Anónimo?
La figura soltó una carcajada en la luz inmóvil:
Canta, Gordon, "Oh suave Tajo ancestral y mudo
pequeña verdad en donde el cielo se refleja"…
Gordon canturreó un poco, el pómulo pegado
a la tierra,
hasta que los dedos de alguien
le cerraron los ojos
y murió viejo
balbuceando palabras
que nadie entendía
en la rúa Augusta.

¿Así termina, Anónimo?
Así mueres, Gordon…
¿Dónde?
Allá.
¿Allá?
No, aquí.
Mira.

(Y ese día Gordon murió
y ese día yo lo vi.)

I am falling, Gordon said to himself, *I am dying…*
He saw a figure on the pavement clapping.
Don't be dumb, Anonymous, don't make fun of me,
remember that I'm classic in my own way,
said Gordon with slobber and blood
mixing on his lips;
the figure signalled to him and kept clapping.
Someone took a photo.
And the glass of water, Anonymous?
The figure let loose a loud laugh in the immobile light:
Sing, Gordon, "Oh soft Tajo, ancestral and mute
small truth where the sky is reflected"…
Gordon hummed a little, his cheekbone stuck
to the earth,
until someone's fingers
closed his eyes
and he died old
babbling words
that no one understood
on Rua Augusta.

Is this how it ends, Anonymous?
This is how you die, Gordon…
Where?
There.
There?
No, here.
Look.

(And that day Gordon died
and that day I saw it.)

◯◯◯ EYEWEAR PUBLISHING

EYEWEAR POETRY

MORGAN HARLOW MIDWEST RITUAL BURNING

KATE NOAKES CAPE TOWN

RICHARD LAMBERT NIGHT JOURNEY

SIMON JARVIS EIGHTEEN POEMS

ELSPETH SMITH DANGEROUS CAKES

CALEB KLACES BOTTLED AIR

GEORGE ELLIOTT CLARKE ILLICIT SONNETS

HANS VAN DE WAARSENBURG THE PAST IS NEVER DEAD

DAVID SHOOK OUR OBSIDIAN TONGUES

BARBARA MARSH TO THE BONEYARD

MARIELA GRIFFOR THE PSYCHIATRIST

DON SHARE UNION

SHEILA HILLIER HOTEL MOONMILK

FLOYD SKLOOT CLOSE READING

PENNY BOXALL SHIP OF THE LINE

MANDY KAHN MATH, HEAVEN, TIME

MARION McCREADY TREE LANGUAGE

RUFO QUINTAVALLE WEATHER DERIVATIVES

SJ FOWLER THE ROTTWEILER'S GUIDE TO THE DOG OWNER

TEDI LÓPEZ MILLS DEATH ON RUA AUGUSTA

EYEWEAR PROSE

SUMIA SUKKAR THE BOY FROM ALEPPO WHO PAINTED THE WAR